基金支持：

本著作受浙江省自然科学青年基金项目（LQ19G020007）"契约条款设置与股权激励的动态效应：因果识别与机制分析"、教育部人文社科青年基金项目（18YJC630010）"股权激励模式与企业生命周期的适应性匹配研究"和浙江财经大学会计与经济发展研究院高层次课题重点培育项目"契约条款设置对股权激励动态效应的影响研究"的资助。

新锐
经管学术系列

长期视角下股权激励的动态效应研究

陈文强　著

厦门大学出版社　国家一级出版社
XIAMEN UNIVERSITY PRESS　全国百佳图书出版单位

图书在版编目(CIP)数据

长期视角下股权激励的动态效应研究/陈文强著. —厦门:厦门大学出版社,2018.12
(新锐经管学术系列)
ISBN 978-7-5615-7228-3

Ⅰ.①长…　Ⅱ.①陈…　Ⅲ.①股权激励—研究　Ⅳ.①F272.923

中国版本图书馆 CIP 数据核字(2018)第 268535 号

出 版 人	郑文礼
责任编辑	许红兵
封面设计	蒋卓群
技术编辑	朱　楷

出版发行 厦门大学出版社

社　　址	厦门市软件园二期望海路 39 号
邮政编码	361008
总 编 办	0592-2182177　0592-2181406(传真)
营销中心	0592-2184458　0592-2181365
网　　址	http://www.xmupress.com
邮　　箱	xmup@xmupress.com
印　　刷	厦门市万美兴印刷设计有限公司

开本	720 mm×1 000 mm　1/16
印张	12.25
插页	2
字数	214 千字
版次	2018 年 12 月第 1 版
印次	2018 年 12 月第 1 次印刷
定价	48.00 元

本书如有印装质量问题请直接寄承印厂调换

厦门大学出版社
微信二维码

厦门大学出版社
微博二维码

摘　要

作为现代公司治理体系的重要环节,股权激励能有效解决两权分离所产生的委托代理问题,被认为是留住企业核心人才的"金手铐"和促进公司业绩增长的"发动机"。随着股权分置改革的完成和一系列相关规定的出台,股权激励作为完善企业法人治理结构的重要举措,在我国上市公司中得到了快速推行。尤其是在现阶段大力推进混合所有制改革的背景下,股权激励的实施迎来了新的契机,其治理地位进一步得到凸显。在此背景下,对股权激励制度的实施效果进行系统评估具有重要意义。然而,尽管学界普遍认为股权激励是现代企业中最有成效、最具持续性的长效激励机制,但囿于研究数据期间和计量识别策略,目前的实证研究仍仅在短期、静态的研究视角下考察股权激励的短期或平均意义上的激励效应,忽略了长期时间框架下股权激励对企业绩效的动态影响。

在我国股权激励计划正式实施已愈十年,相当数量的激励方案陆续进入行权期之际,本研究基于长期的绩效评估框架,运用能有效克服样本选择偏误的倾向得分匹配法,在检验股权激励对企业绩效动态影响的基础上,重点考察了契约条款、公司治理和制度环境对股权激励动态效应的影响机制和作用效果,旨在从长期绩效评估的维度丰富股权激励效应的相关文献,并从微观契约条款、中观公司治理和宏观制度环境三个层面拓展股权激励影响因素的研究。

本研究主要的研究结论如下:

第一,在长期的研究视角下,股权激励不仅整体上存在激励效应,还对企业绩效具有显著的动态影响。结合倾向得分匹配和多元回归分析,我们发现,经过一年的滞后期,股权激励在随后三年表现出了持续的绩效提升作用,且在时间分布上大致呈现了先升后降的倒"U"形特征。进一步的研究我们考察了股权激励对企业盈余管理的影响,发现股权激励实施组与未实施组之间的应计盈余管理水平没有显著差异,实施组的真实盈余管理水平还显著低于控制组的水平,在剔除了公司财务绩效中两类盈余管理的噪音后,股权激励对企业绩效的动态影响依旧显著存在,表明股权激励的动态效应是企业真实的业绩提升,而不是盈余管理的结果。最后,内在影响机制的研究还发现股权激励是通过利益协同效应、风险承担效应和金手铐效应三个可能的渠道驱动企业绩效动态增长的。

第二,契约条款的合理选择和组合是股权激励发挥动态效应的关键。相较于短期激励效果更好的限制性股票,股票期权的长期绩效提升作用更佳,持续时间更长;激励力度越大、激励对象越多,股权激励对企业绩效的提升作用越强、持续期越久,激励性较弱的契约安排则不存在明显的动态效应;激励条件严格、期限长的契约能实现更强、更持久的绩效提升作用,缺乏约束性的方案仅存在短期效应,且在实施后的第四年出现业绩反转,显现出显著负效应;进一步的研究发现高激励、强约束的契约条款组合能实现最佳的激励效果,表明股权激励效应不是某项条款单独作用的结果,而是各契约条款相互搭配、协同作用的综合效益。

第三,适当的大股东控制和完善的董事会治理是股权激励发挥动态效应的前提。相对于股权结构分散或过于集中的公司,股权激励对存在大股东控制且控制程度较低的企业具有更强、更持久的绩效提升作用;董事会治理能强化股权激励与企业绩效之间的动态关系,独立董事比例的提高和董事长与总经理的两职分离显著提高了股权激励的绩效提升程度和激励效应的持续时间;进一步考察大股东与董事会在股权激励效应实现过程中的交互治理效应,发现董事会治理能有效弥补控股大股东缺位导致的股东监督不足,显著改善股权分散企业股权激励的实施效果,但大股东控制程度的提高会削弱董事会对股权激励效应的治理作用,在大股东持股比例较高的样本中,董事会的治理机制失效。

第四,改革产权制度和完善市场竞争是股权激励发挥动态效应的保障。国家控股削弱了股权激励的实施效果,相较于非国有控股企业,国有控股企业股权激励的绩效提升作用较弱,持续时间较短,且存在为期两年的滞后效应;产品市场竞争能强化股权激励的动态效应,在市场竞争程度高的行业中,股权激励具有长达五年的激励效应,而在市场竞争程度低的行业中,股权激励的绩效提升作用不仅较弱,而且只能持续两年时间;进一步考察市场竞争对国有控股企业股权激励实施效果的影响,发现市场竞争能显著改善国有控股企业股权激励的实施效果,在市场竞争程度高的国有控股企业中,股权激励显现出了为期三年的动态激励效应。

与现有文献相比,本研究可能的研究贡献在于:第一,基于长期的研究视角,本研究对股权激励实施企业进行长期追踪研究,重点考察了股权激励制度对企业绩效的动态影响,即股权激励效应的持续性与动态分布问题,响应了 Bebchuk 和 Fried 等(2010)学者关于扩展股权激励效应评估窗口的呼吁,一定程度上填补了目前学界研究的不足,不仅能更全面、科学地捕捉到股权激励的长期效应,还为目前迥异的研究结论提供了一个新的解释视角。第二,基于委托代理理论,本研究结合了契约理论、治理束理论和制度理论的基本观点,分别从微观的契约条款层面、中观的公司治理层面和宏观的制度环境层面挖掘了影响股权动态激励效应的潜在因素,为厘清股权激励与企业绩效之间的关系提供了多重视角,丰富了股权激励效应影响因素的研究,对中国特殊背景下的股权激励实施效果的改善也具有一定的现实指导意义。第三,在研究方法上,本研究运用倾向得分匹配法对研究样本进行了合理的筛选和控制,考虑到股权激励实施行为的内生性问题,一定程度上减轻了研究样本的选择性偏误问题,所得结论更具稳健性。

关键词:股权激励的动态效应;契约条款设置;大股东控制;董事会监督;国有控股;市场竞争;倾向得分匹配法

目录 Contents

第 1 章

绪　论

1.1　问题的提出

1.1.1 现实背景

作为现代公司治理体系中的重要环节,股权激励被广泛认为能有效解决两权分离所产生的委托代理问题,是降低代理成本、提升企业绩效的长效激励机制。股权激励的实施最早始于 20 世纪 50 年代的美国,从 20 世纪 80 年代末开始大量推行(Jenson 和 Murphy,1990),在经历了半个世纪的市场考验后,股权激励制度在美国获得了巨大的成功,被认为是缔造纳斯达克神话的重要驱动之一(陈效东和周嘉南,2014)。到 20 世纪 90 年代,英国、法国、日本、新加坡、中国香港等国家和地区也纷纷效仿,股权激励的实施逐渐成为一股全球性的浪潮,被西方许多学者认为是近 70 年来现代企业理论中效果最为显著的重大激励机制创新。全球著名的管理咨询公司麦肯锡的一份调查数据显示,美国有超过 95% 的上市公司实施了股权激励计划,欧洲推行股权激励的上市公司占比也超过了八成,全球五百强的企业中,超过 80% 的公司采取了股权激励计划。此外,在高管薪酬体系中,股权激励所占的比重也呈现出逐年上升的趋势。Carter(2009)考察了美国上市公司中 1996—2005 年总经理和财务总监的薪酬结构数据,发现基于股权的薪酬支付占总薪酬的比值在 39％～53％之间,在《萨班斯-奥克斯利法案》颁布之后,即 2002 年至 2005 年期间,该数值仍保持在 50％左右。人力资源咨询公司 Hewitt 的一份调查报告显示,在年收入超过 100 亿美元的美国公司中,高级管理层股权激励占全部薪酬总额的比重在 1985 年约为 19％,到 2010 年这一数字迅速上升到了 65％,在通用、迪士尼和可口可乐等公司中,与股权和期权相关的收益甚至占到了高管总收入的 95％以上(王栋和吴德胜,2016)。

我国为完善法人治理结构,建立长期的激励约束机制,于 20 世纪 90 年代引入了股权激励制度,但在很长的一段时间内,由于资本市场股权分置,加上缺乏正式的制度规范和法律依据,仅有少数企业成功实施了股权激励计划(杨慧辉等,2012)。随着股权分置改革的完成和一系列相关规定的出台,股权激励作为完善企业法人治理结构的长期激励机制,在我国上市公司中得到快速推行。尤其是 2005 年 12 月 31 日,中国证监会发布《上市公司股权激励管理办法(试行)》(简称《管理办法(试行)》),首次明确了中国背景下股权激励的地位、定义、方式、适用范围、实施程序和披露要求等内容,并为激励方案具体条款的设置提供了指导意见,标志着我国股权激励制度的正式建立。在此基础上,为满足监管的实际需要,证监会又陆续发布了三个相关事项备忘录和两个监管问答,进一步完善了股权激励的备案标准,与《管理办法(试行)》共同构成了我国股权激励制度的制度和法律依据。至此,我国上市公司股权激励计划的推行有了较为明确的方向和指引,股权激励被越来越多的公司采纳(梁上坤,2016)。

2016 年 7 月 13 日,证监会发布了《上市公司股权激励管理办法》(简称《管理办法》),2016 年 8 月 13 日起正式施行,这是自 2005 年年底发布《管理办法(试行)》后,我国 10 年来对上市公司股权激励管理规范的首次系统修订。《管理办法》以信息披露为中心,落实了"宽进严管"的监管转型理念,目的是通过放松管制、加强监管,逐渐形成公司自主决定、市场约束有效的上市公司股权激励制度。《管理办法》的发布和实施进一步完善了股权激励的制度规范和法律依据,也标志着我国的股权激励制度在经历了 2005 年之前逐步实验、缓慢发展的摸索阶段和 2006—2016 年迅速推行、高速发展的成长阶段后,即将进入一个制度相对成熟、市场导向明确、设计逐步自主的崭新阶段,对新三板企业、非上市企业的股权激励设计均有较好的指导和借鉴意义(黄泽宇,2016)。尤其是在现阶段混合所有制改革不断推进,落实

"新国九条"关于上市公司推进员工持股与股权激励探索精神的大背景下，股权激励在新一轮国资改革中被寄予了厚望(王栋和吴德胜,2016),其进一步的推广和实施迎来了新的契机,其在公司治理中的地位也进一步得到了凸显。

万得金融终端最新的统计数据显示,自证监会 2005 年 12 月 31 日发布《管理办法(试行)》以来,截止到 2016 年 12 月 31 日,沪、深两市已有 790 家上市公司公告了 1 237 份股权激励方案,已公告公司占全部上市公司总数的 28.14%,且呈现出逐年递增的趋势。特别是从 2011 年起,单年公告企业的数量均在 100 家以上,其中 2016 年达到 247 家的新高峰,为历年来公告家数最多的一年。从板块的分布来看,创业板和中小企业板分别公告了387 份和 474 份激励计划,两者合计占了激励计划总数的 69.52%,已经成为推行股权激励制度的绝对主力。从实施的频率来看,207 家上市公司连续公告了两期或两期以上激励计划,其中,网宿科技已经陆续推出了 6 期股权激励计划,青岛海尔和汉得信息这 2 家公司推出了 5 期计划,伟星股份、富安娜和远光软件等 7 家公司实施了 4 期,30 家公司公告了 3 期激励计划。此外,上海荣正咨询公司公布的《中国企业家价值报告(2016)》显示,

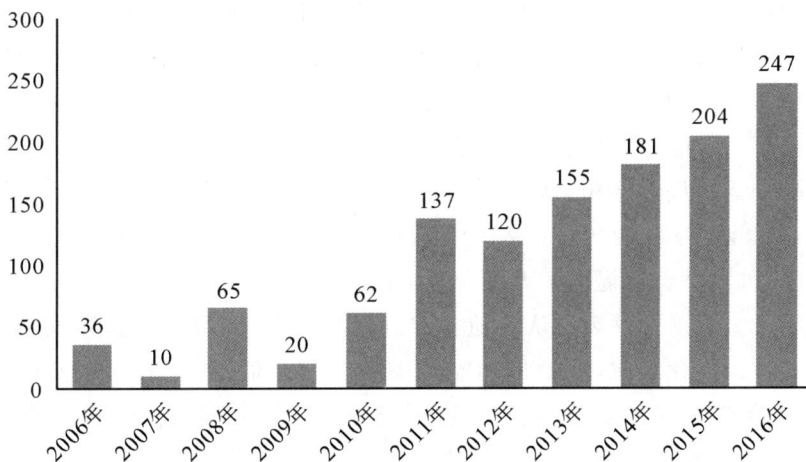

图 1.1　2006—2016 年 A 股上市公司股权激励公告统计图

注:公告的股权激励方案包括处于董事会预案、股东大会通过、国资委批准、实施和停止实施阶段的方案,并非都是成功实施的激励计划。数据来源于万德数据库。

2015 年我国上市公司董事长的年薪均值较上一年增长了近 9 个百分点,而其所持股份市值均值的增长速度高达 76.38%,表明股份形式的薪酬安排在上市公司高管薪酬体系中的比例越来越重,股权激励已成为上市公司完善法人治理体系、建立薪酬激励机制的核心手段之一。[①]

1.1.2 理论背景

如何设置有效的激励机制以缓解两权分离所产生的委托代理冲突,一直是理论界和实务界的热点议题。作为一种区别于传统固定薪酬的激励制度安排,股权激励赋予了企业经营者分享组织剩余的权利,被认为是解决委托代理问题,促进企业绩效提升和价值增长的长效激励机制。然而,与实践中得到快速推广形成鲜明对照的是,学界对股权激励效应的研究却始终没有取得一致的研究结论。

目前的理论研究主要是基于委托代理理论的分析框架,存在最优契约论、管理者权力论和大股东赎买论等几派不同的观点,其中,最具代表性和影响力的是最优契约论和管理者权力论。最优契约论将股权激励看作是解决代理问题的有效途径,认为企业能为高管设计出合理的薪酬激励方案,促使股东与经营者之间的目标函数趋于一致,从而达到降低代理成本,提高公司业绩和价值的目的(Jensen 和 Murphy,1990)。管理者权力论则认为股东或董事会不能完全控制薪酬契约的制定过程,管理者有能力影响甚至操纵薪酬并运用权力寻租,从而产生新的代理问题,损害企业的绩效和价值(Bebchuk 和 Fried,2003)。基于中国上市公司"一股独大"的集中型股权结构背景,国内学者还提出了大股东赎买论的观点(陈仕华和李维安,2012;陈效东等,2016)。这种观点认为随着控制权与现金流权的分离,大股东出于自身利益最大化考虑,有动机和能力掏空公司价值,而控股股东要想实施"隧道行为",就必须对作为上市公司资源守护者的高管进行赎买(武立东,2007)。在这种背景下,股权激励可能沦为大股东授予高管的一种合法性赎买工具(陈仕华和李维安,2012),不仅不能有效提升企业价值,甚至会出现大股东与管理层相互掩饰窃取小股东利益的现象(周俊仁和高

[①] 数据来自上海荣正咨询公司 2016 年 5 月 30 日发布的《中国企业家价值报告(2016)》。

开娟,2012)。

与理论研究类似,目前的实证研究也未形成统一的研究结论。基于最优契约论,学者们发现股权激励能实现利益趋同效应,降低代理成本,促进企业绩效增长(Jensen 和 Murphy,1990;Fang 等,2015),提升公司内部控制有效性(Balsam 等,2014),减少盈余管理和信息操纵行为(Armstrong 等,2010),提高组织投资效率(吕长江和张海平,2011;徐倩,2014),筛选和留住核心人才(Nastasescu,2009;宗文龙等,2013),提高激励对象的风险承担水平(Armstrong 和 Vashishtha,2012;王栋和吴德胜,2016),缓解临近退休高管的视野短期化问题(Gopalan 等,2014),激励创新和研发投资等长期行为(Dong 和 Gou,2010)等。基于管理者权力论的实证研究发现,股权激励会激化代理冲突,诱发盈余管理和信息操纵行为(Benmelech 等,2010;肖淑芳等,2013),提高高管的风险规避程度(Panousi 和 Papanikolaou,2012),减少长期风险项目投资(Lazonick,2007),提高权益资本成本(雷霆和周嘉南,2014),增加审计收费(Chen 等,2015)等。基于大股东赎买理论,有学者发现股权激励的实施加剧了大股东的掏空行为,甚至存在大股东与管理层合谋侵占小股东利益的现象(Zhang 等,2014)。陈效东(2015)发现大股东侵占中小股东的动机越强,越可能实施赎买型动机的股权激励计划。杨慧辉等(2016)通过实证研究发现,控股股东的控制权越强,高管倒签期权行权日的自利行为越容易发生,反映出大股东为使高管配合其进行利益侵占而默许或者纵容高管这种损害公司价值的自利行为。陈文强(2017)研究发现,在控股大股东涉入程度较高的民营企业中,股权激励的实施加剧了大股东的掏空行为,并发现了控股股东对管理层进行赎买,最终达成合谋的内在方式。

在学术界最为关注的股权激励与企业绩效之间关系的问题上,尽管学者们付出了巨大的心力,但目前的实证研究结论还存在很大的分歧,从正相关(Palia 和 Lichtenberg,1999;Hanson 和 Song,2000)到负相关(Fama 和 Jensen,1983;Bebchuk 和 Fried,2003),再到非线性相关(Morck 等,1988;Short 和 Keasey,1999),甚至不相关(Demsetz 和 Lehn,1985;Mehran,1995),各种可能的关系都得到了一定的经验证据的支持。

股权激励是兼具激励和约束作用的"金手铐",还是高管自发红包、自谋福利的"金手表"? 股权激励是提升公司业绩和价值的"最优契约",还是高管寻租、市场买单的"造富工具"? 本研究认为,短期化的评估框架、黑箱式的分析模式和偏误性的样本选择可能是现有研究出现上述分歧的关键原因。

　　首先,股权激励被认为是现代企业理论中最有成效、最具持续性的长效激励制度,实施的最终目的是通过将高管的个人利益和企业的长远发展进行长期绑定,实现持续的价值创造,同时,股权激励效应在实现的过程中还存在着复杂的传导机制和作用路径,因此股权激励的作用最终需要落实到企业绩效的持续、动态增长上(顾斌和周立烨,2007;Bebchuk 和 Fried,2010;Chen 和 Lee,2010;Chen 和 Ma,2011)。但目前的大多实证研究仍仅在短期、静态的研究视角下考察股权激励的短期或平均意义上的激励效应,忽略了长期时间框架下股权激励对企业绩效的动态影响,难以系统、真实地捕捉到股权激励的实施效果。其次,目前学界对股权激励效应的研究几乎都是基于传统的委托代理理论,采用"黑箱"式的分析模式,即通过检验股权激励与公司绩效的直接关系来推断其实施效果,对激励效应的影响因素也主要从企业基本特征层面展开,虽然也得出了许多有益的研究结论,但忽略了微观契约条款设置、中观公司治理机制和宏观制度环境因素的异质性影响,难以揭示激励效应实现过程中复杂的影响机制和作用效果。最后,我国上市公司股权激励的实施需要经过一系列严格的审批程序,往往业绩优良、治理完善的公司才有实施资质(谢德仁和陈运森,2010)。因此,股权激励的实施行为普遍存在着选择性偏见问题(周建波和孙菊生,2003),若不对样本进行合理筛选,即使观察到实施股权激励公司的绩效更好,也无法判断这种差异是源于实施后的激励效应还是实施前的"自选择"效应(Lian等,2011;Fang,2015)。而目前的多数研究在评估股权激励效应时都没能对样本进行有效控制,难以克服由样本选择偏差导致的内生性问题,从而降低了研究结论的可靠性,这也可能是目前研究结论出现分歧的一个关键原因。

1.1.3 研究问题

　　在我国股权激励制度正式实施已愈十年,相当数量的激励方案陆续进入行权期之际,为全面评估股权激励效应,打开股权激励与企业绩效之间关系的"黑箱",本研究基于长期的研究视角,运用 2006—2014 年我国 A 股上市公司数据,结合倾向得分匹配与多元回归分析,在考察股权激励对企业绩效动态影响的基础上,检验微观层面的契约条款设置、中观层面的公司治理机制和宏观层面的制度环境因素对股权激励动态效应的影响机制和作用效果。

具体而言,本研究将拟解决的关键问题聚焦于以下四个方面:

1. 在长期研究视角下,股权激励对企业绩效是否具有动态影响?

相比工资、奖金等短期的薪酬激励机制,股权激励通过赋予激励对象企业剩余收益的索取权,将经营者的个人财富和企业长远发展相挂钩,能有效缓解委托代理冲突,被认为是现代企业理论中最有成效、最具持续性的长期激励措施。但现有的多数研究局限于在短期的研究视角下检验股权激励与企业绩效之间的短期相关关系,忽略了长期研究框架下股权激励对企业绩效的动态影响。那么,在长期的绩效评估框架下,股权激励是否存在动态效应?若存在,股权激励对企业绩效的影响能持续多长时间,在评估的时间窗口内又具有怎样的动态分布特征?股权激励的这种动态效应是企业真实的业绩提升,还是激励对象盈余管理的结果?这是本研究需要回答的第一个重要问题,也为下面三个子研究的展开奠定了基础。

2. 微观层面的契约条款设置如何影响股权激励的动态效应?

股权激励方案是由众多契约条款组合而成的复杂、多维度的契约综合体,股权激励计划能否真正激励经营者持续、长期的价值创造,关键取决于股权激励方案关键契约条款的安排是否合理。而现有的多数研究都将股权激励视为一个同质性的合约,这种对激励合约不加细化和分解的整体性考察思路可能忽视或低估了微观层面不同契约条款选择和组合的异质性影响,难以揭示股权激励效应实现过程中的微观作用路径和影响机制。那么,不同的契约条款设置是否以及如何影响股权激励的动态效应?契约条款之间的不同搭配和组合又会对激励效应产生何种影响?这是本研究计划解答的第二个关键问题。为此,笔者试图结合契约理论的基本观点,从微观的契约条款层面探讨适应性、激励性和约束性等关键契约条款的选择和组合对股权激励动态效应的影响。

3. 中观层面的公司治理机制如何影响股权激励的动态效应?

公司治理是各治理要素相互影响、协同作用的联动系统,任何治理机制效应的发挥都需要其他治理机制的合理安排作为保障。股权激励是股东为激励和约束管理层而委托董事会设计的一项公司治理机制,内生于特定的组织环境之中,其授予、设计、评估等各个环节都离不开大股东和董事会等关键治理主体的影响和制约。那么,在我国大股东控制普遍存在的高度集中型股权结构背景下,作为股权激励的缔约方,大股东在股权激励效应的实现过程中发挥着何种作用,是有效监督还是合谋掏空？此外,作为股权激励计划的实际拟定者和管理层行为的直接监督者,董事会治理能强化股权激励的动态效应吗？最后,大股东控制与董事会治理对股权激励的动态效应是否存在交互影响,即在不同的大股东控制水平下,董事会对股权激励效应的治理作用是否存在差别？这是本研究需要深入探讨的第三个问题。为此,本研究计划结合治理束理论的基本观点,从中观的公司治理层面考察大股东控制、董事会治理及两者的交互作用对股权激励动态效应的影响。

4.宏观层面的制度环境因素如何影响股权激励的动态效应？

根据制度理论的观点,企业的内部契约内生于特定的制度环境之中,宏观制度环境因素对企业内部契约的适用性和有效性具有基础性的影响。在我国特殊的转型经济情境下,资本市场的市场化程度较低,政府行为对资源配置具有重要影响,上市公司所处的外部制度环境明显区别于西方发达国家,其中最显著的特点体现为政府对经济干预程度过高和产品市场竞争机制不完善。首先,我国绝大部分上市公司都由国有企业改制而来,国家仍然在上市公司中占据绝对或相对的控股地位,那么,面临更多政府干预的国有控股企业股权激励实施效果与非国有控股企业相比有何差别？此外,我国市场化改革“渐进式”和“梯度式”的推进方式使产品市场竞争呈现出了显著的行业差异性,那么不同的产品市场竞争程度又会如何影响股权激励的动态效应？最后,国企市场化改革使国有控股企业面临的市场竞争状况也存在显著的差异,那么,对于市场竞争程度不同的国有控股企业而言,股权激励的实施效果是否也会存在差异？这是本研究试图回答的最后一个问题。为此,我们计划结合制度理论的基本观点,从宏观的制度环境层面检验国有控股和市场竞争对股权激励动态效应的影响。

1.1.4 研究意义

与现有文献相比,本研究的研究意义主要体现在以下三个方面:

第一,本研究在长期的研究视角下考察了股权激励对企业绩效的动态影响,拓展和深化了股权激励效应的研究,为目前迥异的研究结论提供新的解释视角,也为评估股权激励政策的经济后果提供了新的研究思路和经验证据。从我们所掌握的文献来看,目前学界对股权激励效应的研究均是在短期的评估框架下探讨股权激励的短期或平均意义上的绩效提升作用,本研究首次提出了股权激励动态效应的概念,将研究的重点聚焦于股权激励效应的持续性和评估时间框架内的动态分布问题上,这种长期、动态的研究视角,响应了 Bebchuk 和 Fried(2010),Chen 和 Ma(2011),Fang 等(2015)等学者关于扩展股权激励效应评估窗口,对实施企业的绩效表现进行长期追踪研究的呼吁,无疑更符合股权激励长期导向的基本属性,也能够更真实、系统地捕捉到股权激励对企业绩效的长期影响。因此,本研究的尝试为目前股权激励与企业绩效之间迥异的研究结论提供了一个新的、合理的解释视角,一定程度上填补了目前研究的不足,拓展和深化了股权激励效应的研究。同时,在我国股权激励制度正式推出十年之际,本研究系统检验了股权激励的实施效果,对混合所有制改革进程中股权激励制度实施效果的评估和今后的进一步推广也具有一定的现实指导意义。

第二,在检验股权激励对企业绩效动态影响的基础上,本研究还深入挖掘了微观层面的契约条款设置、中观层面的公司治理机制和宏观层面的制度环境因素对股权激励动态效应的影响,丰富了股权激励效应影响因素的研究,对股权激励实施效果的改善具有一定的参考价值。首先,本研究基于委托代理理论,结合了契约理论、治理束理论和制度理论的基本观点,分别从微观的契约条款层面、中观的公司治理层面和宏观的制度环境层面挖掘了影响股权动态激励效应的潜在因素,为厘清股权激励与企业绩效之间的关系提供了多重视角,从多个层面丰富了股权激励发挥动态激励效应的情境研究,有助于回答股权激励机制为何、何时以及如何发挥作用等关键问题。此外,本研究的研究结果表明股权的动态激励效应具有高度的情境依赖性,要打开股权激励与企业绩效之间关系的黑箱,系统解释不同企业股权激励实施效果的差异,需要综合考虑微观、中观和宏观层面因素的影响,其中,契约条款的科学选择和组合是关键,适当的大股东控制和完善的董事会治理是前提,深化国有控股企业产权改革和完善产品市场竞争是基本保障。因此,本研究对中国特殊背景下上市公司股权激励方案的优化设计和股权激励内外部实施环境的改善也具有一定的参考价值。

第三,在研究方法上,本研究考虑到了股权激励实施行为的内生性问题,运用倾向得分匹配法对研究样本进行了有效的筛选和控制,一定程度上减轻了样本的选择性偏误问题,研究结论更具稳健性。如何通过严格的统计技术进行因果推论是公司治理效果评估过程中的核心环节,但非随机的实验数据可能存在选择性偏差问题,往往会混淆特定现象之间的因果关系,这一问题也一直是评估股权激励实施效果所面临的一大挑战。尤其是在我国特殊的监管环境下,股权激励政策的实施需要经过一系列严格的审批程序,证监会对企业的实施资质也有严格的筛选机制,往往业绩优良、治理完善的公司才有机会实施股权激励,因此上市公司股权激励计划的实施行为并不是随机的,可能存在严重的样本选择性偏误问题,直接运用 OLS 回归可能会造成较大的估计误误。而目前的多数研究在探讨高管股权激励与企业绩效之间关系时都没能对研究样本进行有效控制,难以克服由样本选择偏差导致的内生性问题。本研究在多元回归分析之前,以反事实因果推论框架为基础,利用倾向得分匹配法对研究样本进行了筛选和控制,一定程度上减轻了样本选择偏误问题,有助于提高估计结果的准确性和可靠性。

1.2　核心概念界定

1.2.1 股权激励

股权激励的界定方法较多,按具体的激励模式,股权激励可以分为现股激励、期股激励和期权激励等,按激励对象可分为员工持股计划和管理层持股等(徐宁,2011)。国内学者葛军(2007)认为股权激励是指企业所有者通过授予经营者股份形式的现实权益或者潜在权益,使后者能够分享企业剩余索取权,进而使企业利益增长成为经营者个人利益的增函数的一种长期制度安排。中国证券监督管理委员会 2016 年 5 月 4 日发布的《上市公司股权激励管理办法》将股权激励定义为"上市公司以本公司股票为标的,对其董事、高级管理人员及其他员工进行的长期性激励,包括股票期权、限制性股票及法律允许的其他方式"。

本研究采用《管理办法》中有关股权激励的定义,但研究的对象仅限于股权分置改革后和《管理办法(试行)》颁布以来授予公司管理层的股权激励,主要涉及股票期权和限制性股票这两类最常用的激励模式。根据《管理办法》的定义,股票期权指上市公司授予激励对象在未来一定期限内以预先确定的条件购买本公司一定数量股份的权利;限制性股票指激励对象按照股权激励计划规定的条件,获得的转让等部分权利受到限制的本公司股票。同时,依照《管理办法》中关于股权激励对象的界定方法,本研究将管理层界定为公司的董事、高级管理人员、核心技术人员或者核心业务人员,不包括公司的独立董事、监事和一般员工。

1.2.2 股权激励的动态效应

股权激励效应即股权激励政策的经济后果,学界也称为股权激励的激励效果、治理效应或激励效应,具体指股权激励制度的实施对公司绩效、价值或行为决策的影响。本研究将研究的主题聚焦于股权激励对企业绩效的影响,因此书中的股权激励效应特指股权激励的实施对企业财务绩效的影响。为方便起见,书中将混合使用股权激励效应、股权激励实施效果和股权激励的绩效提升作用等相关表述。

学界目前对股权激励效应的研究大多在短期的研究框架下探讨股权激励对企业财务绩效的短期或平均意义上的影响。本研究更关注长期评估框架下,股权激励对企业财务绩效的动态影响,即股权激励的动态效应。具体包括以下两个方面:一是指股权激励制度实施后对企业绩效影响的持续性问题,即股权激励对企业绩效的提升作用能持续多久,仅在实施的当期或近期存在即期或短期效应,还是在实施后的多年仍存在长期、持续的绩效提升作用;二是在长期的激励效应评估框架下,随着时间的推移,股权激励的绩效提升作用存在何种动态分布特征,是平滑稳定的,还是存在先无后有的滞后效应、先正后负的反转效应、波纹式的减弱效应,抑或逐渐增强的"J"形效应,还是先升后降的倒"U"形效应。

1.3 研究方法与技术路线

1.3.1 研究方法

本研究结合规范分析和实证研究,主要包括文献研究和实证分析两类研究方法。

文献研究为本研究的研究主题提供了丰富的理论基础和经验证据。在对股权激励领域的相关经典文献进行广泛阅读和系统梳理的基础上,本研究对该领域目前主要的理论流派、学术观点、实证结论、争论焦点和研究局限等问题进行系统梳理和述评。同时,在文献研究的过程中不断思考与之相关的现实问题,最终找到了本研究可能填补的研究缺口,提出了自己的见解和研究思路,也为下一步的理论推演和假设提供了坚实的理论基础。

实证研究是管理学中常用的定量研究方法,指的是在规范分析的基础上对研究假设进行统计上的验证,具体包括数据的收集和整理、统计分析、模型构建和假设检验等步骤。本研究所采用的数据主要是上市公司年报披露的二手财务数据、股权激励数据和公司治理数据,分别来源于国泰安和万德数据库。在技术方法上,本研究采用 Stata 12.0 统计软件进行实证分析。由于样本的选择性偏差问题可能给研究结论的稳健性带来影响,本研究将使用倾向得分匹配法,在对研究样本进行控制和筛选的基础上使用多元回归分析,以期解决样本选择性偏差带来的内生性问题,这与 Lian 等(2011)、Fang 等(2015)等使用的方法相同。倾向得分匹配法是一种可行且可靠的准实验方法,在政策实施效果评估的相关研究中被普遍用于解决研究样本的选择性偏误问题。我们将在后文详细介绍该方法的具体步骤。

1.3.2 技术路线

本研究采用的技术路线如图 1.2 所示。

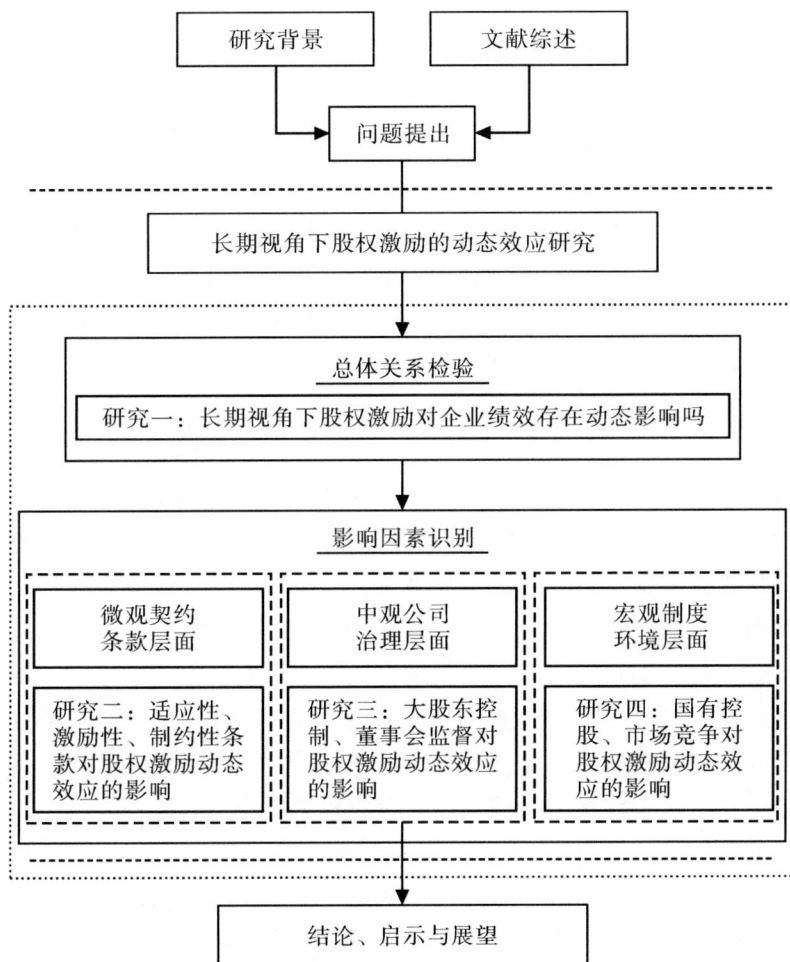

图 1.2　研究的技术路线

1.4　章节安排

本研究在考察股权激励对企业绩效动态影响的基础上，检验了微观层面的契约条款设置、中观层面的公司治理机制和宏观层面的制度环境因素对股权激励动态效应的影响机制和作用效果。本研究共由七章组成，各章内容安排如下：

第 1 章为绪论。这一章首先从现实背景和理论背景两个方面详细阐述了股权激励动态效应研究的重要性,并结合已有的研究成果和不足,确立了本研究的研究主题;其次简述了研究主题的意义和价值,继而对股权激励及动态效应等核心概念进行了界定;最后根据关注的问题,确定了研究的内容、方法和技术路线。

第 2 章为相关理论与文献综述。这一章梳理了股权激励的相关基础理论和实证研究,在阐述委托代理理论、不完全契约理论和人力资本理论等相关基础理论的基础上,分别从股权激励效应及股权激励效应的影响因素两个方面对国内外相关研究成果进行了系统的整理和评述,指出了目前研究的局限和不足。

第 3 章研究股权激励的动态效应,即长期评估视角下,股权激励制度的实施对企业绩效的动态影响。这一章基于委托代理理论,从股权激励长期导向的基本属性出发,在对现有文献进行系统回顾的基础上,提出了长期视角下评估股权激励动态效应的重要意义。在此基础上,本章提出了股权激励存在动态效应的基本假设,并结合倾向得分匹配法和多元回归分析法,运用上市公司的二手数据对研究假设进行了实证检验。本章的最后一部分还进一步探究了股权激励与企业两类盈余管理活动之间的关系,以考察股权激励的动态效应是真实的业绩提升,还是激励对象盈余管理的结果。

第 4 章研究关键契约条款的设置对股权激励动态效应的影响。这一章结合了契约理论的观点,主要是从微观契约条款设置的层面挖掘股权激励动态效应的影响因素。这一章基于微观的股权激励契约要素,分别从激励模式这一适应性条款、激励力度和激励对象等激励性条款、激励条件和激励期限等约束性条款三个方面提出假设,搜集数据并展开系统验证。为挖掘各类契约条款之间可能存在的相互关系和协同作用,本章的最后一部分还进一步探讨了激励性条款和约束性条款的不同组合对股权激励动态效应的异质性影响。

第 5 章研究大股东控制和董事会治理对股权激励动态效应的影响。这一章结合了治理束理论的观点,主要是从中观公司治理的层面挖掘股权激励动态效应的影响因素。这一章基于我国"一股独大"的集中型股权结构特征,考察大股东在股权激励效应实现过程中可能扮演的监督或合谋角色,以及董事会是否发挥了预期的治理作用。在这一章的最后,我们还进一步考察了大股东与董事会在股权激励效应实现过程中的交互治理效应,即在不同的大股东控制程度下,董事会治理是否对股权激励的动态效应具有异质性影响。

　　第 6 章研究国有控股和市场竞争对股权激励动态效应的影响。这一章结合了制度理论的基本观点,主要是从宏观制度环境的层面挖掘股权激励动态效应的影响因素。这一章基于我国政府对经济干预程度过高和产品市场竞争机制不完善的特殊制度环境背景,实证检验了国有控股和市场竞争这两种我国最基本的制度环境因素对股权激励动态效应的影响。此外,由于国企改革使国有控股企业衍生出了许多异质性特征,不同类别的国有控股企业所处的产品市场竞争环境是不同的,故这一章还进一步考察了市场竞争对国有控股企业股权激励效应的异质性影响。

　　第 7 章为研究结论、启示与展望。这一章对研究结果进行了系统的总结,进一步阐述研究结果所蕴含的理论价值和实践意义,剖析了本研究存在的一些局限和不足,并对今后研究工作需要进一步探讨的研究方向和问题进行了简要展望。

第 2 章

相关理论与文献综述

股权激励制度作为公司治理系统中的重要组成部分,其产生和推行有着深厚的理论依据。本章详细阐述委托代理理论、不完全契约理论和人力资本理论等与股权激励相关的基础理论,并从股权激励效应和股权激励效应的影响因素两个方面对国内外相关实证研究成果进行系统的梳理、总结和评述。

2.1 基础理论

2.1.1 委托代理理论

委托代理理论是公司治理领域最重要的基础理论,该理论侧重研究企业内部的权利结构与代理关系。现代经济学鼻祖亚当·斯密曾在《国富论》中正确地预见到了人们在为他人工作时会产生的疏忽和浪费等问题,最早观察到了股份制企业中存在委托代理关系,认为企业所有权和控制权的分离可能会造成经理做出不利于股东利益的行为决策,但他尚未提供一个系统性的理论分析框架。20 世纪 30 年代,美国经济学家 Berle 和 Means (1932)提出了经典的委托代理问题,对股东权益理论和利润最大化假设提出了挑战,自此以后,由企业所有权和经营权分离带来的代理冲突问题成了委托代理理论的核心关切。接着,罗斯(Ross)给出了委托代理问题现代意义上的含义,认为只要代理人根据委托人赋予的权力实施了经营管理行为,就标志着委托代理关系的建立。到 20 世纪 70 年代,随着信息经济学的兴起,Wilson(1969)、Ross(1973)、Jensen 和 Meckling(1976)等学者通过强调利益的不完全一致性与信息的不对称性,发现了许多委托代理关系中产生低效率的根源,进一步推进了委托代理理论的发展。

标准的委托代理问题存在三个假设前提:一是代理人具有追求个人效用最大化的经济人属性;二是代理人行为具有不易观察性,存在不易被委托人观察到的私人信息;三是委托人和代理人之间存在信息不对称性。在委托代理关系中,委托人希望代理人基于自身效用最大化行事,但由于代理人的经济人属性,加上代理人行为不易观察和双方信息不对称等问题,委托人和代理人之间可能存在利益冲突,产生代理人为追求私利而做出损害委托人利益的行为决策的现象。在所有权和经营权分离的现代公司制企业中,股东作为企业的所有者,委托经理人从事生产经营活动,从而形成了企业中典型的委托代理关系。委托代理理论指出,两权分离使委托人与代理人之间存在利益冲突,其中,委托人希望其投入的资本实现收益最大化,而代理人则期望自身私利达到最大化。由于存在上述利益分歧和冲突,道德风险和逆向选择也随之产生。一方面,由于双方的效用函数不一样,股东利益最大化并不是经营者个人利益最大化,代理人缺乏追求股东利益最大化的内在动力;另一方面,代理人出于"有限理性"和"自利倾向"等动因会采取成就自身私利而牺牲股东利益的道德风险行为。在委托代理关系下,委托者只能通过观察代理者的经营行为来获取代理人受托责任履行情况的相关信息,但由于信息不对称和契约不完备,代理人可能会在委托人不知情的情况下为谋求私利而违反契约条款。

建立有效的监督和激励机制是解决现代企业委托代理问题的两大手段。很多经济学家认为,加强对代理人的监督,抑制代理人的机会主义和私人动机,是解决委托代理问题的有效手段。然而,要达到这一目的,首先需要调动监督者从事监督的积极性,尤其是在难以准确地测定委托人和代理人的效用函数和风险态度的时候。Alchian 和 Demsetz(1972)从团队生产理论的视角出发,认为在团队生产方式下,团队中个体的贡献是很难分解和测定的,因此难以按照每个个体的贡献来支付报酬,从而很容易引发偷懒和监督问题。为此,Alchian 和 Demsetz 指出,为减少偷懒,就必须监督,但其基本前提是监督者必须通过某种渠道获得足够的监督激励,而终极的激励来自剩余索取权,剩余索取权可以最大限度地激励监督者认真履行职责,通过授予管理权和控制权,终极监督者就会努力使剩余最大化,提高其进行监督的内在积极性。巴泽尔进一步发展了 Alchian 和 Delnsetz 关于剩余索取权的思想,他认为在团队生产过程中,对产品的贡献程度最难测定的个体应该拥有企业的剩余索取权,雇佣并监督对产品贡献容易测定的其他团队成员。

由于代理人总能利用其信息优势使委托人的监督难以生效,因此单纯的监督不仅不能完全解决委托代理问题,还需要付出巨大的监督成本。委托代理理论认为,除了监督机制外,更需要在公司中建立能将委托人和代理人的效用函数进行有效捆绑的激励制度,使代理人的效用随着委托人效用的增加而增加,且增加的幅度大于代理人隐瞒信息和谋取私利所获得的收益,从而使代理人主动做出使委托人效用最大化的行为决策(闫妍和刘宜,2016)。Wilson(1969)指出,委托人委托代理人完成一定的任务,就有监督代理人行为的相应权力,并对代理人的行为结果承担相应的风险;代理人接受委托人的委托从事经营管理活动,但不一定承担其行为决策的相应风险,风险承担者与风险制造者之间需要建立一种契约关系。但由于存在因信息不对称而产生的监督成本,代理人可能存在道德危险,即追求自己的目标而与委托人的目标背离,因此需要设计一套激励机制,以促使委托人和代理人在风险分担和激励之间进行权衡。Jensen 和 Meckling(1976)从所有权激励的角度拓展了 Alchian 和 Demsetz(1972)以及巴泽尔的理论,他们认为,让经理人成为企业剩余权益的拥有者是解决代理问题的有效手段,能够实现委托人与代理人之间的利益趋同。Holmstrom 和 Tirole(1989)提出了权利安排与要素贡献估价相联系的思路,认为激励机制比监督机制更重要,更能有效地解决委托者和代理者之间的利益冲突。杨小凯和黄有光(1993)认为应按照扣除交易费用后的专业化经济最大化原则来安排企业的所有权结构。他们指出,为了节约交易成本,需要把那些交易效率极低、交易费用极高的活动通过企业剩余索取权进行间接定价,尤其是对企业发展至关重要的核心人才而言,他们的直接定价成本和交易费用很高,应该安排为企业剩余价值的索取者。

作为现代公司治理的逻辑起点,委托代理理论的核心问题和中心任务是在信息不对称的情况下,委托人如何设计出一套最优的治理机制,使代理人的目标与委托人的目标趋于一致,从而尽可能地降低代理成本,实现对代理人的有效监督和激励,进而保证代理人依照委托人利益最大化的原则开展经营管理活动。股权激励通过将公司的股票或股权引入经理人的薪酬体系中来,赋予了代理人分享企业剩余的权利,这种制度安排使企业的经营者成了公司股份的持有者,促进了委托人和代理人利益函数的趋同,使企业利益增长成为经理人个人利益的增函数,从而降低了代理成本,实现了"激励相容"的目标。

2.1.2 不完全契约理论

契约理论由 Holmstrom、Grossman 和 Hart 等经济学家共同创立,包括完全契约理论和不完全契约理论,两者相互补充,一起构成了契约理论的基本分析框架,也为理解现实经济生活中各类契约的安排和设计提供了基础性的分析方法。为了表彰 Holmstrom 和 Hart 对契约理论的发展所作出的杰出贡献,瑞典皇家科学院授予他们 2016 年度的诺贝尔经济学奖。

现代社会的合作中普遍存在着合作双方的利益冲突,合理的契约安排可以为缔约方提供一种激励以缓解不同利益主体之间的分歧和冲突,进而达到合作收益最大化的目标(谭克虎等,2016)。契约理论认为,企业是一系列契约的有机联结,委托人和代理人可以通过契约安排来缓解利益冲突,达到利益趋同的目的。根据缔约双方所签订契约的具体情况不同,契约可分为完全契约和不完全契约。其中,完全契约是指缔约双方能够完全预见到未来契约期限内可能出现的各种情况,且能最大限度规定未来所有状态下各方的权利和责任,因而完全契约下解决缔约双方之间利益冲突的主要方法是在事前设计出最优的激励机制。不完全契约则是指缔约双方不可能完全预见到契约期限内可能出现的各种状况,或者无法由第三方证实,因而无法签订内容完备的契约条款。由于不完全契约无法事无巨细地规定事后各种可能情况下缔约双方的相关权利和义务,而需要等到结果出来之后通过再谈判的方式来解决,因此不完全契约下,解决合作冲突的主要方式是事后的权利配置和制度设计问题(李宝良和郭其友,2016)。

基于委托代理的基本分析框架,Holmstrom(1979)构建和完善了完全契约的分析方法,涉及的核心问题是如何通过最优激励契约的设计将代理人和委托人的利益捆绑起来,实现契约设计中激励与风险分摊之间的最优权衡,以解决合作过程中存在的冲突问题。根据完全契约理论的观点,委托人可以根据某个或某几个可观察、易证实和易考核的绩效指标支付给代理人薪酬,这种以绩效指标为基础的薪酬契约可以实现代理人和委托人之间利益的有效捆绑,从而解决委托人和代理人因为道德风险产生的利益冲突。可以看出,完全契约下激励机制设计的核心问题在于如何通过设计出以某个或某几个绩效指标为基础的薪酬合约来激励代理人从事对其最有利的行动。由于绩效指标通常是代理人行动和外生随机因素共同作用的结果,因此有效的激励契约的设计要尽可能将外生的随机因素过滤掉,进而保证绩效指标与代理人行动之间的敏感度,将二者紧密关联起来(李宝良和郭其友,2016)。然而,外生的随机因素不管如何过滤都是存在的,任何绩效指标都不可能完全代表代理人的行动,甚至某些情况下,它们可能很大程度上取决于那些代理人无法控制的因素,导致激励对象可能靠运气取得报酬,而非他们努力工作的补偿(Holmstrom,1979;Holmstrom,1982;Holmstrom 和 Milgrom,1991)。因此,绩效指标的选择和激励与风险分摊之间的权衡是完全契约下激励机制设计需要解决的两个具体的问题。为此,Holmstrom(1976)针对绩效指标的选择问题,提出了信息含量准则。他指出由于相对薪酬能更好地过滤掉那些无法控制的其他因素的影响,使薪酬与高管行为之间的联系更加紧密,因此相对业绩指标在处于环境多变的企业的薪酬设计中比绝对业绩指标更优。除此之外,考虑到现实中企业激励机制设计的复杂性,Holmstrom 还将最优激励契约扩展到团队激励、职业生涯关注和多任务委托代理等问题的研究中,以使其更符合现实的需要。

在现实经济生活中,完全契约的条件大多难以得到满足,由于人们的有限理性、信息的不完全性及交易事项的不确定性,缔约双方不可能完全预见到契约履行期内出现的各种情况,因此是无法达成内容完备、设计周详的契约安排的。也就是说,不管如何努力,契约通常是不完全的,常常包含契约缺口和遗漏条款,且随时都在进行重新协商和修改完善的过程中。针对这一无法回避的现实情形,Hart 和他的合作者提出了不完全契约理论,探讨了在完全契约无法缔结或难以执行的情况下,如何谨慎地通过剩余权利的配置来解决委托人和代理人之间的冲突问题。相较于缔约当事人可以在契约中明确规定的那些特定权利,剩余权利是一个相对的概念,具体指契约中所有没有明确规定的那些权利,包括剩余控制权和剩余索取权。剩余控制权也称剩余决策权,是指契约未指明的情况出现时做出决策的权利,体现为对企业的控制权;剩余索取权是指契约扣除了全部成本之后,对企业盈余的要求权。其中,剩余索取权由剩余控制权,即所有权决定,考虑到企业经营绩效的不确定性,剩余索取权隐含着对风险的承担。不完全契约理论特别强调了决策权配置的重要性,认为决策权通常由产权决定,产权产生讨价还价的能力,这又反过来决定了激励水平,因此,当基于绩效的契约难以签订或者难以有效执行时,谨慎地分配决策权或控制权能够代替契约上规定的奖励和报酬,从而产生良好的激励效果(谭克虎等,2016)。

根据不完全契约理论的观点,当无法在契约中列出所有具体权利或缺乏事后评估与核实绩效的能力时,将剩余控制权分配给拥有剩余索取权的一方是有效的解决办法。Grossman 和 Hart(1986)指出,对于未来可能发生的事情,如果契约无法明确各方该如何采取行动时,应当指出当各方无法达成一致时谁拥有最终决定的权利,即剩余权利,而拥有剩余权利的一方将拥有更强的讨价还价能力,因此能够获得更大份额的组织产出。这种制度安排将激励拥有剩余权利的一方采取相应的行动,而弱化没有剩余权利一方的激励,在这种情况下,应当将剩余权利赋予拥有剩余索取权的一方,即通过剩余权利的配置可以解决缔约双方在合作过程中存在的潜在冲突。换句话说,在不完全契约背景下,由于事前无法明确规定所有可能出现的事项和情形,事后需要通过将没有明确达成协议情况下的决策权配置给剩余所有者,这样可以使契约变得更加完整,最终缓解缔约双方的利益冲突,从而达成现行情况下最合意的经济行为。通过研究所有权的变化是如何影响经营者和所有者的,Hart 和 Moore(1990)发展出了资产最优分配理论,以解释企业边界问题。资产最优分配理论的本质就是产权理论,契约的不完全性意味着产权居于十分重要的地位,由此演绎出一个更加规范的企业边界理论。除此之外,虽然交易成本经济学也考察了企业的边界问题,但不完全契约理论的代表人物 Grossman 和 Hart(1986)跨出了非常重要的一步,他们的模型不仅更加准确地预测到企业的边界应该在哪里,而且明确指出某项特定资产的产权应该由谁拥有。不完全契约理论表明,如果某个代理人拥有某项重要资产,或是拥有了使用该项资产所需的关键人力资本,而这项资产又是不可缔约的,那么这个代理人就应该拥有该项资产,即所有权应该给予做出最重要的非契约性投资的一方。

不完全契约理论兼具实证性与规范性,通过强调事前契约签订的不完备和事后很难有效地对契约执行效果进行评估,提出了谨慎地配置决策权或控制权能有效代替契约规定上的薪酬奖励这一核心观点,阐释了企业内部所有权的设计和分配问题,深化了传统的企业契约理论,不仅为企业经营活动中契约的签订提供了一个清晰的理论解释,还为有效解决合作中可能出现的各种障碍和问题提供了全新的契约视角。目前不完全契约理论已被广泛运用到经济学和管理学的各个分支之中,成为公司治理领域中股权激励问题重要的分析工具。

2.1.3 人力资本理论

委托代理理论主要是从股东的角度来探究所有者与经营者之间的委托代理关系,为经理人的监督和激励问题提供了理论基础。人力资本理论从人的角度出发,认为人力资本是企业财富的源泉,同物质资本一样能产生投资收益,但人力资本与其所有者之间具有不可分离的特性,尤其是专业分工使得人力资本的专用性风险加大,人力资本的所有者逐渐成为企业经营风险的主要承受者,从而从根本上决定了人力资本的所有者分享企业剩余索取权的必要性。人力资本理论为经营者获得企业剩余索取权奠定了法权地位,是对资本理论和产权理论的重大创新,其代表人物有舒尔茨、贝克尔和周其仁等。该理论的核心观点认为,让管理者的人力资本参与剩余索取权的分配,有利于缓解作为人力资本所有者的经营者与作为物质资本所有者的股东之间的利益冲突。

诺贝尔经济学奖获得者、美国著名经济学家舒尔茨和贝克尔指出,人力资本与物质资本一样都具有资本收益性,其中,人力资本是最重要的生产要素,对生产的贡献大于物质资本。他们在解释美国经济发展的驱动机制时,发现在考虑了物质资本和劳动力增长等因素后,还有很大一部分的经济增长无法解释,为此他们把这一无法解释的部分归功于人力资本的驱动作用。根据舒尔茨(1961)的观点,人力资本反映了经营者的基本素质和综合能力,具体包含经营者个人所拥有的与其人身不可分离的知识、技能、资历、健康、管理方法和经验等。但与物质资本不同,人力资本天然存在着与其所有者不可分割的特殊属性,其产权只属于个人,人力资本的使用情况和最终产出水平受其所有者主观感受和意志的影响和控制,而任何外部的意志只有通过转化为人力资本所有者自己的意志之后才能得到执行和贯彻。正是因为人力资本的这种个体私有性特征,使得要充分调动和发挥人力资本的积极作用,就必须对人力资本的所有者进行必要的激励。新制度学派从契约的角度出发,认为企业的本质是人力资本与非人力资本要素所有者共同订立的一个特殊的市场合约。类似的,我国学者周其仁将企业视为以经理人为代表的人力资本和以所有者为代表的物质资本组合而成的特别契约,指出所有者和经理人都可凭借其财产所有权享有企业的所有权,为经营者凭借其人力资本取得剩余索取权,从而为参与企业的利润分配提供了理论上的又一个依据。年志远(2009)指出,现代企业具有物质资本产权和人力资本产权的二元产权性质,两类产权之间的相互联系和合作关系决定了组织的经营效率和产出。因此,从产权角度看,如果说股东通过投入财务资本而享有企业所有权,那么经理人也理应通过向企业提供人力资本而享有企业的所有权。

随着知识经济的高速发展,企业之间的竞争日益加剧,管理成为高度专业化和复杂化的活动,企业经营者的知识、技能和经验等人力资本在企业生产经营中的作用越来越重要,物质资本的地位则呈相对下降的趋势。从某种程度上讲,人力资本已经成为现代企业中最重要的无形资产和组织发展的第一生产要素,因此必须承认劳动者拥有的人力资本的产权。在此背景下,股东享有企业剩余索取权的传统格局开始动摇,人力资本的补偿方式逐渐由传统薪酬向剩余索取权转变,股权激励等收益分享机制日益受到重视。舒尔茨指出:“劳动者成为资本拥有着,不是公司股权扩散到民间,而是劳动者掌握了具有经济价值的知识和技能,这种技能很大程度上是投资的结果。”[1]而人力资本与其所有者不可分离的特征决定了对核心经营者进行充分激励的重要性和必要性,高级管理者和核心员工也应该同资本所有者一样参与企业的利润分配。尤其是在现代企业制度下,经营管理高度专业化和复杂化、经理人员拥有的管理能力和管理经验等人力资本已成为企业中不可或缺的基础性资源,是现代企业价值增长中最具能动性的因素,若经营者的人力资本投入没有及时获得承认和补偿,人力资本的所有者可能会采取有害企业发展的机会主义行为,甚至选择离开企业,造成人才流失。因此,掌握企业经营权的职业经理人不仅需要拥有配置各种资源的权力,还具有人力资本产权化,使自己作为一种核心资源参与企业剩余价值分配的内在要求。

高管作为企业中最为重要的人力资本,具有不可替代性,同时还面临着资产专用性风险,是企业风险的主要承担者之一。根据人力资本理论的观

---

[1]　舒尔茨.论人力资本投资[M].北京:中国经济出版社,1987.

点,高管也应当凭借人力资本的所有权获得像其他物质资本拥有者一样的剩余价值分享权。体现在企业具体的薪酬激励体系设置中,高管的薪酬计划既应该包括固定工资、津贴、奖金等短期报酬,还应包含股权、期权等长期激励(邱茜,2011)。股权激励机制通过授予激励对象公司股权或期权的方式,实质上承认和肯定了经营者人力资本的价值属性。一方面,人力资本所有者由于对其公司的人力资本投入而参与分享企业的剩余索取权,获得了与物质资本所有者一样的投资者权利,使经营者成为企业的重要股东,这种对价回报方式,让经营者有了"主人翁"的心态和意识,有利于约束他们的机会主义行为,实现良好的自我激励效果(陈效东,2015);另一方面,股权激励分期分批的获益方式,使人力资本所有者的预期收益在一定的期间"抵押"给了企业,一定程度上解决了企业中人力资本价值承认和资产专用性风险等问题,从而实现人力资本所有者与物质资本所有者一起分享企业剩余索取权的目标(杨华和陈晓升,2009)。

2.2　文献回顾

股权激励作为管理学领域的重要研究话题,相关实证研究可谓是汗牛充栋,本章主要从股权激励效应和股权激励效应的影响因素两个方面对国内外的相关实证研究进行梳理和评述。

2.2.1 股权激励效应

股权激励效应也称为股权激励制度的经济后果或实施效果,指股权激励的实施对公司绩效或行为带来的影响。通过文献梳理,我们发现学界对股权激励效应的研究主要集中在两大方面:一是股权激励与企业绩效之间的相关关系,有学者将其称为股权激励的直接效应;二是股权激励对投资、创新和盈余管理等企业具体行为的影响,也称作股权激励的间接效应。经过国内外学者数十年的探索,股权激励效应的实证研究取得了丰硕的成果,但也一直存在着争议,形成了最优契约论、管理者权力论和大股东赎买论等几派不同的理论假说,实证研究也未能取得一致的研究结论。

1.基本理论假说

股权激励效应的研究大多基于委托代理理论的基本分析框架,目前主要存在着最优契约论和管理者权力论两派观点。其中,最优契约论将股权激励视作解决委托代理问题的有效途径,认为股东及作为股东代理人的董事会能够为高管设计出合理的激励方案,促使股东和经营者的目标函数趋于一致,从而降低代理成本,提升公司业绩和价值(Jensen 和 Meckling,1976;Jensen 和 Murphy,1990)。最优契约理论强调薪酬契约设计和外部市场机制的有效性,认为股东能够控制董事会,且董事会能独立于管理层,能按照股东价值最大化的原则行事,企业能够完全控制和决定高管薪酬,制定出最优的激励契约。因此,在最优契约论的研究视角下,股权激励通过赋予代理人剩余索取权,能够促进股东与经理层利益的一致性,从而降低代理成本,实现积极的激励效应。学者们也从不同的角度为最优契约论提供了经验证据,如:股权激励能促进企业的价值增值和股东财富的积累(顾斌和周立烨,2007;Bebchuk 和 Fried,2010);股权激励能发挥"金手铐"作用,降低高管离职率,达到筛选有才能的高管和稳定经营团队的目的(Balsama 和 Miharjo,2007;宗文龙等,2013);股权激励能减轻经营者的风险厌恶程度,提高激励对象的风险承担水平(Armstrong 和 Vashishtha,2012;李小荣和张瑞君,2014);股权激励能有效缓解临近退休高管的视野短期化问题,激励研发创新等长期投资行为(Bhagat 和 Romano,2010;Gopalan 等,2014)。

管理者权力论则指出,最优契约需要满足董事会的有效谈判、市场的有效约束和股东可以行使权利等严格的假设前提,这与现实中企业薪酬契约的制定过程存在较大差距。首先,作为薪酬制定者的董事会往往难以保持独立性,高管有时能俘获董事会,具有决定或影响自身薪酬的能力,导致董事会在高管薪酬问题的谈判中并非总是有效的。其次,经理人市场和产品市场也并非总是有效的,外部市场对高管薪酬的约束力量也是有限的。最后,股东权利行使虽在理论上可行,但在实际操作中却具有有限性。为此,管理者权力论虽然也是以委托代理理论为基础,但该理论认为股东及董事会不能完全控制薪酬契约的制定过程,管理者有能力影响甚至操纵薪酬并运用权力寻租,从而产生新的代理问题,损害企业的绩效和价值(Fama 和 Jensen,1983;Bebchuk 和 Fried,2009)。Stulz(1988)认为经营者持股使代理人拥有了更多的公司股权,大大增强了其直接控制公司和抵御外部压力的能力,因此经营者持股比例的提高增加了外部股东监管经营者行为的难度。Bebchuk 等提出了经营者寻租论,指出由于公司经营者存在寻租的动机和行为,股权激励并不能有效缓解委托代理冲突,反而会加剧或引发委托代理问题,失去激励约束作用。Bebchuk 和 Fried(2009)甚至认为股权激励并不是有效的激励制度,不仅不能有效缓解代理冲突,还可能成为代理问题的一部分。管理者权力论也得到了许多实证研究的印证,如:激励与业绩之间的敏感度不高,经理层薪酬中的运气薪酬与过度支付问题(Bebchuk 和 Fried,2010;Cronqvist 和 Fahlenbrach;2013);福利型契约条款设置问题(吕长江等,2009;王烨等,2012;Shin,2013);股票期权的回溯行为问题(Heron 和 Lie,2009;Veld 和 Wu,2014);股权激励诱发的盈余管理和信息操纵问题(Benmelech 等,2010;Santore 和 Tackie,2013;肖淑芳等,2013);股权激励提高高管的风险规避程度,减少长期风险项目投资等(Lazonick,2007;Panousi 和 Papanikolaou,2012)。

最优契约理论和管理者权力论源自传统的委托代理理论,都是基于西方企业股权分散的典型样例基础上构建的,可能不完全适用于我国资本市场中大多数上市公司都存在控股股东的高度集中型股权结构的现实情况(陈仕华和李维安,2012)。为此,基于中国"一股独大"的高度集中型股权结构背景,国内学者还提出了大股东赎买论的观点(陈仕华和李维安,2012;陈效东等,2016)。这种观点认为随着大股东持股比例的提高,代理问题逐渐由股东与管理者之间的利益冲突转变为控股股东与中小股东之间的利益冲突,此时控股股东可能扮演了监督和侵占的双重角色。尤其是在投资者保护不足的背景下,随着控制权与现金流权的分离,大股东出于自身利益最大化的考虑,有动机和能力通过"隧道行为"掏空公司价值。而控股股东要想实施隧道行为,就必须对上市公司资源守护者——高管进行赎买,以便控股股东在窃取公司资源时高管能行个方便(武立东,2007),而股权激励不仅具有制度上的合法性,而且与其他激励方式比,其激励的额度更大。在这种背景下,股权激励可能沦为大股东授予高管的一种合法性赎买工具(陈仕华和李维安,2012)。此时股权激励不仅不能有效提升企业价值,甚至会出现大股东与管理层相互掩饰窃取小股东利益的现象(周俊仁和高开娟,2012)。相关实证研究也证实了这一理论假说,如 Zhang 等(2014)运用中国上市公司的数据研究发现,拥有过多控制权的控股股东会通过降低薪酬业绩敏感度的方式与高管进行合谋,并发现了高管与控股股东合谋寻租的证据。陈文强(2017)研究发现在控股股东涉入程度较高的民营企业中,股权激励的实施加剧了大股东的掏空行为,并发现授予激励力度更大、行权价格更低、行权条件更宽松、激励有效期更短的激励和约,是控股股东对管理层进行赎买,最终达成合谋的内在方式。

2.股权激励的直接效应

股权激励的直接效应是公司治理领域的核心研究话题,国内外学者尽管相继为之付出了巨大的心力,但在股权激励与企业绩效之间关系的问题上却始终没有取得一致的研究结论,从正相关到负相关,再到不相关,甚至非线性相关,各种可能的关系几乎都得到了一定的经验证据的支持。

(1)股权激励与企业绩效的正相关论。该观点基于最优契约论,认为股权激励是解决委托代理问题的有效手段,能促使公司股东和经营者的目标函数趋于一致,进而缓解代理冲突,提高企业的经营业绩和市场价值。Mehran(1995)认为,管理层持股水平与企业价值之间存在正相关关系,且持股价值与总薪酬的占比越高,企业价值越大。Palia 和 Lichtenberg(1999)的研究发现管理层持股能克服经理层短视行为,能促进管理变革、提高生产效率,进而提高公司价值。Hanson 和 Song(2000)的研究表明,股权激励的实施有助于减少自由现金流量、降低代理成本,从而提升企业价值。Hanlon 等(2003)研究发现股票期权与企业未来盈余显著正相关,价值 1 美元的期权能在授予后的五年时间里产生 3.71 美元的累计营业收入。Chen 和 Ma (2011)研究发现股权激励与企业长期股票收益正相关。Fang 等(2015)研究发现股权激励在实施当年和实施后的两年内都能显著提高企业绩效。国内学者王克敏和陈井勇(2004)研究发现,企业的代理成本随着管理者持股比例的增加而降低,公司绩效水平随着管理者持股比例的增加而单调递增。陈勇等(2005)通过配对 T 检验发现股权激励实施后公司的总体业绩较实施前略有上升。张俊瑞等(2009)运用事件研究法发现股权激励具有"凸性激励"效用,即股权激励计划的实施显著改善了一年后公司的净资产收益率。潘颖(2009)发现公司业绩与股权激励比率呈明显正相关关系,激励强度越大,公司业绩越好。谢德仁和陈运森(2010)发现股权激励计划公告的累积超额收益率显著为正,表明股权激励计划的推出能给投资者带来显著的财富效应。陈文强和贾生华(2015)检验了股权激励效应的持续时间问题,他们在六年的时间框架内发现股权激励对企业绩效的提升作用能持续三年时间。

(2)股权激励与企业绩效的负相关或不相关论。该观点基于管理者权力论,认为高管持股比例的提高扩大了经营者的投票权和影响力,增强了经营者抵御外部压力的能力,从而导致公司价值损失。De Fusco 等(1991)研究表明,高管会在激励有效期和非有效期内进行利润调节,股权激励实施后企业利润水平和研发支出显著下降,管理费用和销售费用却明显上升了,说明股权激励会诱发激励对象的短视化行为,达不到长期激励效果。Kole 和Lehn(1999)提出管理层持股的增加强化了激励对象对公司的控制权,使董事会的监督力度减弱,降低了公司价值。而 Mehran(1995)发现以股权为基础的管理层薪酬结构安排对公司的价值没有显著影响。基于动态理论预期模型,Benmelech 等(2010)的研究发现股权激励与公司盈余管理、报表误报和重述有关,会诱发经营者隐藏关于公司未来成长机会的坏消息,并选择次优的投资策略,从而导致公司价值的严重高估和随后股价的急剧下降。国内学者魏刚(2000)研究表明,高管持股与经营业绩不存在显著的正相关关系,高管的持股比例越高,与经营业绩的相关性就越差。李增泉(2000)认为由于我国的管理层持股比例普遍较低,难以发挥激励作用,并通过实证研究发现经理人持股比例与企业净资产收益率无显著相关关系。胡铭(2003)发现管理层持股比例与公司绩效不存在显著关系,股权激励仅是一种福利制度,不能产生激励作用。苏冬蔚和林大庞(2010)发现股权激励行权后会出现公司业绩的大幅下降,股权激励存在负效应。陈艳艳(2012)运用特征配对发现股权激励对经营业绩只有短暂的提升作用,而不具有持续性,甚至会出现反转。刘广生和马悦(2013)发现上市公司股权激励对其业绩的提升效果并不显著。陈艳艳(2016)研究发现股权激励的短期累计超额收益为正,但是中期反转,投资者情绪指标也呈现先涨后跌的现象,而长期持有则超额收益无显著增加,表明短期的正面反应只是由投资者乐观情绪所导致,股权激励无法真实增加股东的长期财富。

(3)股权激励与企业绩效的非线性相关论。这种观点认为股权激励与公司绩效之间不是简单的线性关系,而存在着区间效应,是最优契约论和管理者权力论共同作用的结果,即在一定区间内最优契约论起主导作用,随着经营者持股比例的增加,管理者权力论会逐渐超过最优契约论而起主导作用。Morck 等(1988)通过分段回归发现,高管持股水平与企业 Tobin's Q 之间存在着非线性关系,当持股水平处于 0 到 5%时,对企业绩效有正向影响;当持股高于 5%但低于 25%时,与 Tobin's Q 负相关;而当持股比例超过 25%时,股权激励对企业绩效又具有促进作用。McConnell 和 Servaes

(1990)研究发现,管理层的持股水平与企业价值 Tobin's Q 之间呈现明显的倒"U"形关系,最优区间在 40% 到 50% 之间。Griffith(1999)的实证研究表明,高管持股比例和公司业绩存在着拐点,呈现非单调线性关系,即股权激励力度与激励效果之前存在着区间效应。Kuo 等(2013)通过门限回归模型研究发现,股权激励效应会随着授予数量的变化而发生非线性的区制变化,即激励力度对企业绩效的影响存在显著的单门槛效应,当激励比例处于中等水平时股权激励的绩效提升作用最为显著。国内学者也有类似的发现,吴淑琨(2002)研究发现,经理人持股与企业绩效具有倒"U"形关系,随着持股比例的上升,激励效应出现先增后减再增的情况。韩亮亮等(2006)研究发现,当高管持股比例在 8% 到 25% 之间时,壕沟效应占主导,股权激励会降低企业绩效,而小于 8% 或者大于 25% 时,利益趋同效应占主导,股权激励能提高企业绩效。许宁(2011)也认为经营者持股对公司价值的影响存在明显的区间效应,两者之间并不是简单的线性关系,股权激励存在着一个最优的区间水平。

3.股权激励的间接效应

除了对企业绩效的影响,一些学者还研究了股权激励的间接效应,即股权激励政策的实施对投资决策、股利政策、盈余管理和创新活动等企业行为的影响。

(1)股权激励对公司投资行为的影响。Jensen 和 Meckling(1976)指出,股权激励能缓解经营者自利倾向引发的代理冲突,促使管理层放弃净现值为负的投资项目,进而达到抑制过度投资的目的。Leland 和 Pyle(1977)发现股权激励具有信号传递功能,能有效降低企业因信息不对称问题导致的融资约束,显著减少外部融资成本,缓解投资不足的问题。Defusco 等(1990)采用事件分析法,发现公司在实行股权激励计划之后,经营者投资高风险、高收益项目的倾向显著增强。Aggarwal 和 Samwick(2006)在探讨激励、投资与绩效三者之间的平衡关系时发现,股权激励与企业的长期性资本支出显著正相关。我国学者罗福碧等(2008)发现高管股权激励与企业投资水平之间具有显著的正相关关系,激励力度越大,投资水平越高。吕长江和张海平(2011)发现股权激励制度通过抑制公司非效率投资的内在路径间接实现了降低代理成本的目的。徐倩(2014)在考察环境不确定性对企业投资行为影响的基础上,发现股权激励有助于减少环境不确定性导致的代理矛盾,抑制过度投资,也有助于降低管理者的风险厌恶程度,缓解投资不足。

汝毅等(2016)研究发现股权激励的实施使高管更倾向于选择快速扩张的对外投资策略,总体上显著促进了企业的对外直接投资速率。

(2)股权激励对公司股利政策的影响。Lambert 和 Larcker(1989)发现支付现金股利会导致股价下降,进而降低高管持有的股票期权的价值,因此为了提高股权激励的预期价值,管理层有减少股利支付的强烈动机。Kouki 和 Guizani(2009)发现股票期权持有量与公司股利发放水平之间存在显著的负相关关系,经营层持有的股票期权越多,越倾向于留存更多的公司盈余,发放更少的现金股利。国内学者董艳和李凤(2011)研究发现,只有当管理层的持股水平相对较高时,管理层持股才能够增加现金股利的支付倾向和力度。吕长江和张海平(2012)通过实证研究发现,相较于没有实施股权激励计划的公司,推出股权激励方案的公司更倾向减少现金股利的发放,且实施股权激励的公司在激励方案推出后的股利支付率也显著低于方案推出前的股利支付率。相反,韩慧博等(2012)在检验股票股利长期市场反应的基础上,研究发现实施股权激励的公司倾向于发放更多的股票股利,且股权激励的力度越大,发放高额股票股利的可能性也越大。

(3)股权激励对公司盈余管理的影响。Cheng 和 Warfield(2005)发现为了提升短期股价,股权激励会促进经营者的盈余管理行为。Erickson 等(2006)运用 SEC 公布的 50 家存在财务欺诈公司的数据进行了对照检验,发现高管股权激励占总薪酬的比重每增加 1 个百分点,则发生财务欺诈的可能性提高 68 个百分点。Armstrong 等(2010)采用倾向得分匹配法研究发现,股权激励与企业会计违规行为无正相关关系,相反,高管获得的股权激励水平越高,会计违规行为的出现频率越低。国内学者张海平等(2011)研究发现,为了影响股权激励的行权条件,推动股权激励方案的顺利实施,实施股权激励的公司的高管存在利用资产减值政策操纵会计盈余的行为。苏冬蔚和林大庞(2010)研究发现,股权分置改革后,对于未推出股权激励的上市公司,其 CEO 股权和期权占总薪酬的比重与盈余管理程度呈显著的负相关关系,而对于提出或通过激励预案的公司,其两者之间的负相关关系大幅减弱并不在统计上显著。肖淑芳等(2013)对我国股权激励实施中经理人的盈余管理行为进行了研究,发现为了降低将来行权业绩达标的难度,经理人会通过真实盈余管理活动对行权考核基期的业绩进行向下的盈余管理,说明股权激励是诱发企业盈余管理行为的直接动因之一。

(4)股权激励对公司创新行为的影响。Dong 和 Gou(2010)研究发现股权激励对研发投入具有显著的促进作用。Makri 等(2006)也发现经营者持股水平与公司创新行为之间具有显著正相关性。王燕妮(2011)和叶陈刚等(2015)也认为通过赋予高管剩余索取权有助于实现股东与管理层利益的均衡,增加企业的研发投资水平。而 Wright 等(2002)研究表明高管持有较高股份时,反而会保守地做出风险较低的战略决策,因为一旦投资失败,高管的财富将遭受重大且无法分散的损失。Tien 和 Chen(2012)以美国上市公司为研究对象,发现股权激励并不能对企业技术创新投入产生促进作用。Panousi 和 Papanikolaou(2012)认为过高的持股水平会使经理面对更高的非系统风险,加重了高管的风险规避程度,不利于形成创新的支持环境。还有一些学者发现股权激励与研发支出之间存在非线性关系,即当股权激励力度超过一定的区间后,高管的权力会急剧增强,可能会导致严重的内部人控制问题,加上高管承担技术创新失败的风险也随之加大,从而会减少对技术创新等长期风险项目的投资(Lazonick,2007)。我国学者陈修德等(2015)也发现公司研发投资与高管持股之间具有先升后降的倒"U"形关系,即高管持股比例较低时促进研发投资,持股比例较高时抑制研发投资。

(5)股权激励对公司高管变更的影响。Balsam 和 Miharjo(2007)认为股权激励的延期支付特征加大了激励对象的离职成本,并通过实证研究发现未行权期权和限制性股票的价值与高管的自愿离职率显著负相关,并且股权激励降低高管流失的作用显著高于超额现金薪酬的作用。Tzioumis(2008)研究发现股权激励能够吸引和留住核心人才,是稳定经营团队的重要治理机制。Nastasescu(2009)也发现授予高管的股票期权能显著降低高管离职的概率。我国学者宗文龙等(2015)发现股权激励的实施降低了高管更换的概率,说明股权激励在一定程度上能成为企业留住高管的"金手铐",起到稳定管理团队的作用。赵玉洁(2016)从股权激励的角度解释创业板公司高管扎堆离职的现象,研究发现创业板公司实施的股权激励没有起到"金手铐"的作用,相反,股权激励的实施提高了高管离职的概率,其中,股票期权的实施导致公司高管更高的正常离职率,而限制性股票的实施则提高了高管非正常离职率。肖淑芳和付威(2016)基于股权激励计划再公告的视角,研究发现连续公告实施多次股权激励计划的公司与只公告实施一次的公司相比,能够有效降低高管、非高管以及其他激励对象的离职率,表明股权激励计划的实施能够有效降低员工离职率,从而达到留住人才的目的。

2.2.2 股权激励效应的影响因素

针对股权激励效应的争论,国内外学者借鉴了权变理论,从多个角度对股权激励效应的影响因素做了大量具有启发性的研究。本章主要从微观契约条款、中观公司治理和宏观制度环境三个层面对股权激励效应的影响因素进行梳理。

1.微观契约条款对股权激励效应的影响

契约条款对股权激励实施效果的研究最早始于 Jensen 和 Murphy (1990),他们指出经营者激励的核心问题不在于给予多少,而在于如何给予。随后,Sapp(2008)指出激励力度只是股权激励契约的一个契约要素,股权激励契约结构才是决定激励有效性更为重要的因素。国内学者刘浩和孙铮(2009)指出,直接研究股权激励与公司绩效之间的关系往往是不够的,对于股权激励的研究,还需要从契约本身入手,详细探讨契约要素选择、条款设计和契约修改等关键环节及其经济后果。在此基础上,一些学者开始将研究的关注点转向微观层面,将股权激励契约进行分解和细化,认为激励模式、激励对象、行权价格、激励条件、授予数量、激励期限等关键契约条款的设置是影响股权激励效应的关键因素。

(1)激励模式是在设计股权激励方案时首先需要考虑的问题,对实施效果具有直接影响,其中股票期权和限制性股票是我国上市公司使用最广泛的两种模式。根据《管理办法》的定义,股票期权指上市公司授予激励对象在未来一定期限内以预先确定的条件购买本公司一定数量股份的权利;限制性股票指激励对象按照股权激励计划规定的条件、获得的转让等部分权利受到限制的本公司股票。Bryan 等(2000)研究发现,相比限制性股票,股票期权在促使风险厌恶的高管投资于增加公司价值的项目方面有更显著的作用。Lian 等(2011)认为股票期权对于提高公司的长期业绩表现、提高高管留任率和缓解资金约束等方面更加有效,并通过实证研究发现,股票期权能更加显著地减少代理成本,是更有效的激励模式。Wu(2011)运用修正后的代理模型,在假定管理层有能力进行信息操纵的情况下,发现最优的高管激励合约应该包含股票期权,而不是限制性股票。刘浩和孙铮(2009)认为股票期权能带来更多的投资冲动,具有美化报表的优势,但是会招致更多的税收支出。Lim(2015)研究发现,与股票期权不同,高管持有的限制性股票的价值与公司的战略风险负相关,高管薪酬组合中的限制性股票加剧了 CEO 的风险厌恶程度。叶陈刚等(2015)发现限制性股票的风险规避效应显著强于股票期权,股票期权的激励效应显著强于限制性股票,因此,股票期权更能激励高管承担研发支出的风险,具有更强的研发驱动效应。

(2)激励对象主要包括公司的高管和关键员工,其范围和分布是影响股权激励实施效果的重要因素。《管理办法》第八条规定,我国股权激励的激励对象可以包括上市公司的董事、高级管理人员、核心技术人员或核心业务人员,以及公司认为应当激励的对公司经营业绩和未来发展有直接影响的其他员工,但不应当包括独立董事和监事。Hall 和 Murphy(2003)认为股权激励能将经理人报酬和公司绩效直接联系在一起,但只适用于直接影响公司股价的高层管理人员,并不适用于低层管理人员和其他一般员工。而 Oyer 和 Schaefer(2005)认为股票期权计划可以激励、筛选和留住员工,因此公司应该授予所有员工股票期权。Zattoni 和 Minichilli(2009)则认为股权激励的实施效果主要受到激励人数的影响,激励对象的不同并没有明显的差别。Deutsch 等(2011)检验了 CEO 和外部董事的股票期权激励对公司风险承担水平的交互作用,研究发现相对于 CEO,对外部董事实施股权激励能更显著地提高公司的风险承受能力。国内学者丁汉鹏(2001)根据公司核心价值分享原理,认为股权激励应该授予对公司核心价值贡献最多的人员。伍春来等(2009)认为股权激励的授予对象应当仅限于企业的高管层,且授予数量必须以激励对象所创造的超额利润占总利润的份额为基础。

(3)行权价格或授予价格是指上市公司向激励对象授予股票期权或限制性股票时所确定的、激励对象获得上市公司股份的价格,其高低直接影响了激励对象在行权时获得收益的多少。根据《管理办法》的规定,行权价格(授予价格)不得低于股票票面金额,且原则上不得低于股权激励计划草案公布前 1 个交易日的股票价格交易均价(交易均价的 50%)或公布前 20 个交易日、60 个交易日或者 120 个交易日公司股票交易均价之一(交易均价之一的 50%)中的较高者。Hall 和 Murphy(2000)认为行权价格是股权激励计划的核心要素,提出指数化价格、限制性价格、最优行权价格等改进方案,重新设计了行权价格模型,以期通过行权价格模型的改进,提高激励对象的收益和业绩的相关性,增强激励效果。Bebchuk 等(2002)发现降低授予日的股价可以提高激励对象的期权收益,为使自己的期权收益最大化,经营者普遍存在着通过信息操作或者盈余管理来操纵行权价格的行为。Bruslerie 和 Crapsky(2008)指出在股市下跌的情形下,为了强化激励效果,股票期权行权价格的设置通常应低于股票的市场价格。国内学者沈红波等(2010)指出需要合理设置股票期权的行权价格,设置过高意味着高管很难通过改进企业业绩获得收益,会降低其努力工作的内在动力;而设置过低意味着高管很容易获得收益,造成股东利益的损失,达不到有效激励高管的目的。陈艳艳(2012)的研究指出,如果行权价格受到管理层的操纵,他们无须努力工作就能获得激励标的,可能导致股权激励成为高管变相的利益输送渠道。

(4)激励条件是给激励对象设置的绩效考核指标,体现了股权激励契约的约束性。《管理办法》规定,激励对象为董事、高级管理人员的,上市公司应当设立绩效考核指标作为激励对象行使权益的条件,其中绩效考核指标应当包括公司业绩指标和激励对象个人业绩指标。Dechow 和 Sloan(1991)发现,仅仅用会计业绩作为股权激励的考核指标,不仅面临着绩效指标被高管操纵的风险,还容易诱发短视化行为,使高管放弃对企业长期价值有益的投资项目。Sautner 和 Weber(2009)认为,股权激励的行权需要满足预先规定的市场条件或业绩条件,此外,对高管的考核应该同时从绝对绩效和相对绩效两方面展开。Dittmann 等(2010)认为以股市指数为基准的业绩指标会降低股票期权的 Delta 值而削弱股权激励的激励效应。Bettis等(2010)发现,存在业绩行权约束的企业比控制组企业具有更高的经营效率,且其超额会计业绩并不是盈余管理的结果。Gao 等(2014)研究表明,相比使用会计指标的公司,激励条件中使用市场指标的公司更能有效地权衡激励契约的激励作用和潜在风险,提高契约的有效性。国内学者吕长江等(2009)认为,激励条件是划分激励型和福利型股权激励的关键契约要素之一,并认为上市公司可以通过改善激励条件来改善激励效果。吴育辉和吴世农(2010)发现绩效考核指标体系的设置直接影响着股权激励的有效性,并建议基于"创值原则"和"现金原则"来设计股权激励的绩效考核指标体系。谢德仁和陈运森(2010)研究表明,经理人股权激励计划中的行权业绩指标相对同行业其他企业越高,投资者对股权激励计划的市场反应就越好,股东财富的增长越显著。

(5)授予数量反映了对激励对象激励的强度。《管理办法(试行)》规定,上市公司股权激励计划所涉及的标的股票总数累计不得超过公司股本总额的 10%,任何一名激励对象通过股权激励计划获授的本公司股票累计不得超过公司股本总额的 1%。Mehran(1995)研究发现,企业价值与股权激励所占总薪酬的比例显著正相关。Kole 和 Lehn(1999)却发现,持股比例的增加容易让管理层取得对公司的控制权,导致董事会监督力度的减弱,降低公司的长期价值。Griffith(1999)实证研究表明高管持股比例和公司业绩存在着拐点,呈现非单调线性关系,股权激励力度与激励效果之前存在着区间效应。Benmelech 和 Veronesl(2010)认为在薪酬计划中,不同类型的企业需要的股权激励水平不尽相同,成长性越高的公司所需的股权激励水平越低,成长性越低的公司所需的股权激励水平越高。Kuo 等(2013)通过门限回归模型研究发现,股权激励效应会随着授予数量的变化而发生非线性的区制变化,即激励力度对企业绩效的影响存在显著的单门槛效应,当激励比例处于中等水平时股权激励的绩效提升作用最为显著。国内学者潘颖(2009)发现公司业绩与股权激励比率之间存在明显的正相关关系,激励强度越大,公司业绩越好。而盛明泉和蒋伟(2011)发现,高管的激励强度与公司多数业绩指标之间呈负相关关系。许宁(2011)认为经营者持股对公司价值存在区间效应,而不是单纯的线性关系,即股权激励力度存在着一个最优区间水平。

(6)激励期限是指股权激励契约有效期的长度,体现了股权激励契约的长期导向属性。《管理办法》规定股权激励的有效期从首次授权日起不得超过 10 年,其中限制性股票授予日与首次解除限售日之间的间隔不得少于12 个月,且在有效期内,上市公司应当规定分期解除限售,每期时限不得少于 12 个月;股票期权授权日与获授股票期权首次行权日之间的间隔不得少于 12 个月,且在有效期内,上市公司应当规定激励对象分期行权,每期时限不得少于 12 个月,后一行权期的起算日不得早于前一行权期的届满日。Zattoni 和 Minichilli(2009)的实证结果表明,激励期限对股权激励的实施效果具有显著影响。Bebchuk 和 Fried(2010)指出,将股权激励与企业长期价值联系起来的途径之一是设计最优的时间框架,且激励有效期越长,激励效果越明显。Laux(2012)认为延长股权激励的激励期限是减少高管短视化行为的有效措施,但当现任经营者面临着潜在的替代风险时,他们往往担心股权激励得不到行权,有动机过度投资于短期项目,延长激励期限反而可能产生逆反效果。吕长江等(2009)认为,有效期越长,激励对象行权的门槛越高,越能显著地削弱管理层操纵行权指标的能力,此外,较长的激励有效期使每期行权的数量大幅降低,制约了高管通过股价操纵来集中获得高额激励收益的能力,反之,过短的激励有效期很可能使股权激励成为高管自谋福利的工具。付东(2013)研究发现,股权激励的有效期越长,激励对象的私人收益与公司价值的绑定期越长,激励对象越注重提升公司的长期盈利能力,相反,激励契约的有效期越短,越容易引发激励对象的短期行为。

2.中观公司治理对股权激励效应的影响

公司治理指通过制度安排合理地界定和配置所有者与经营者之间的权责关系,主要体现为股东和董事会对经营者的一种监督与制衡机制,目标是保证股东利益的最大化,防止经营者与所有者之间的利益冲突和背离。股权激励作为公司内部重要的治理机制,内生于特定的治理环境中,其设计过程与实施效果也离不开大股东和董事会等核心治理主体行为的影响和制约。王烨(2009)指出股权激励的有效性与公司治理等相关配套制度密切相关,只有完善所有权结构,提高董事会的独立性和有效性,股权激励的公司治理效应才可能接近最优。Conyon 和 He(2012)运用中国上市公司的数据发现,高管持股能够显著提高企业的会计绩效和市场表现,但激励效应受到董事会和股权结构的影响。就目前的研究来看,公司治理对股权激励效应的影响主要集中在大股东控制和董事会治理两大方面。

大股东对股权激励效应的影响存在着"监督论"与"冲突论"两派观点。"监督论"认为,由于持有的权益份额更高,大股东会更积极地介入企业的经营管理,有效约束管理者权力,监督管理者行为,规范薪酬契约的制定过程,缓解股东与管理者之间的代理冲突,进而提高股权激励的实施效果。Hart(1995)认为,相比分散的小股东,控股大股东对公司有更强的控制力,对管理层的监督也更加有效。Zeckhauser 和 Pound(1990)的研究表明,大股东会利用控制权优势对经理层实施有效监督,提高管理层股权激励效果。Holderness 和 Sheehan(1988)基于大股东介入企业经营管理决策的角度,认为大股东可以凭借其丰富的管理经验介入企业决策的制定及实施过程,或委派代表参与企业管理,弥补了管理层由于懈怠或经营能力不足而导致的决策失误,从而完善企业的决策体系,提高薪酬契约制定的合理性。Bertrand 和 Mullainathan(2001)研究发现,在治理水平较低的企业中,高管运气薪酬出现的概率更高,但在董事会中加入大股东后,运气薪酬出现的概率下降了 23%,表明大股东的直接监督能有效抑制高管的运气薪酬。Hoskisson 等(2009)认为控股股东的在位意味着更高的监督密度,能一定程度上减轻与管理层之间的信息不对称程度,使管理层盈余平滑手段等自利行为难以实施,进而增强薪酬与业绩间的敏感度。我国学者徐青和黄珺(2009)认为,大股东对管理层的监督能产生共享收益,使得企业的经营业绩得到提升,从而提高股权激励的实施效果。徐宁和徐向艺(2010)也发现大股东具有更强的动力与能力去规范和约束经营者的行为,有助于促进股票期权契约的合理性,避免经营者通过福利性股票期权激励方案的制定来谋求巨额私利。

　　"冲突论"则认为,随着股东控制权与现金流权的分离,大股东出于自身利益最大化考虑,有动机和能力掏空公司价值,侵占中小股东的利益,大股东的这种自利行为可能与股权激励的目标冲突,甚至可能为换取管理层支持,对其进行赎买,以达成合谋,进而削弱股权激励的实施效果。Hart(1995)指出控股股东常常利用其控制权干预企业正常的经营活动,甚至将自己的私人利益凌驾于公司利益之上,可能会影响管理层决策的制定与实施。Van den Steen(2005,2007)认为,委托人的控制权与代理人激励之间可能会产生冲突,双方在认知上的冲突可能难以在决策判断时达成一致,使高管执行决策的力度大大降低。我国学者夏纪军和张晏(2008)的研究也发现中国上市公司大股东控制权与管理层股权激励之间存在显著的冲突,降低了股权激励的有效性。Burkart(2003)构建了大股东与管理层合谋的理论模型,证明了大股东必须与管理层合谋才能获取私有收益,而为了与管理层合谋,大股东需要对作为上市公司资源"守护者"的管理层进行赎买,具体表现为支付给管理层更高报酬和放松对管理层的机会主义行为的监管。Lian 等(2011)指出,大股东的直接监督与股权激励效应存在替代关系,股权激励能降低股权分散企业的代理成本,但在股权集中的样本组不存在显著的激励效果。李增泉等(2005)认为股权过度集中会导致严重的掏空行为,使得经理人的努力无法体现,从而弱化股权激励的效果。武立东(2007)研究发现,大股东的侵占行为会损害企业价值,扭曲公司绩效对高管报酬的影响机制,同时为了达到侵占的目的,大股东会对高管人员采取"赎买"的手段,以换取高管人员对其行为的支持,导致了大股东控制程度对公司绩效与高管报酬关系的负向调节作用。周俊仁和高开娟(2012)认为合谋情况下会出现大股东与管理层相互掩饰窃取小股东利益的现象,大股东持股比例越高,股权激励效果越差。陈仕华和李维安(2012)也发现大股东在转移上市公司资源时,需要对作为上市公司资源的"守护者"的高管进行赎买,股票期权正是此一合法性赎买工具,因而股票期权不能发挥激励高管的作用。

董事会是股权激励计划的实际拟定、实施与监督组织,直接负责股权激励各项契约条款与规则的设计和修订,其运作效率直接决定了股权激励方案设计的科学性与合理性(Finkelstein 和 Hambrick,1996)。此外,作为股东在公司内部的代表,董事会还是制约和监督管理层自利行为的第一道防线,担任着选聘经理人,评价经理人绩效并实施奖惩等重要职责(Jensen,1993)。因此,有效的董事会治理是股权激励机制发挥作用的重要保障。Sun 等(2009)研究发现完善的董事会治理能够制定和实施更优的激励机制,抑制 CEO 进行薪酬寻租的能力。

Conyon 等(1998)运用英国上市公司的数据研究发现了董事会存在监督效应的证据,即董事会中独立董事占比的提高、薪酬委员会的设立和董事长与总经理的两职分离能显著提高企业薪酬与业绩之间的敏感度。Bebchuk 和 Fried(2003)认为,在公司董事会权力弱化或无效的情形下,经营者大量持股会扩大其对公司的控制权,增强经营者自身的寻租动机与能力,从而增加委托代理成本,降低公司价值。Sun 等(2009)从薪酬委员会规模、在任高管任命董事的比例等六个维度构建了薪酬委员会治理效率指标,研究发现,薪酬委员会的治理效率越高,股票期权激励与企业未来绩效表现之间的正向关系越显著。Conyon(2014)运用美国上市公司的数据,研究发现董事会的规模越大、薪酬委员会的独立性越高,股权激励与企业绩效之间的正相关性就越强。Fang 等(2015)指出,具有独立性的董事会能优化股权激励设计,有效约束高管的自利行为,并通过实证研究发现相比董事会独立程度较低的样本,股权激励对董事会独立性较高的样本具有更强的绩效提升作用。吕长江等(2009)研究发现,董事长与总经理两职合一的公司设计出福利型激励契约的可能性更大;独立董事占比越高,企业设计出激励型股权激励契约的概率越大。徐宁和徐向艺(2010)指出,董事会是激励契约是否合理的直接决断者,股权激励计划草案不仅需要提交董事会审议,还需要独立董事发表独立意见,因此,独立有效的董事会治理是股权激励契约合理性的重要保障。吴作凤(2014)研究发现,董事会治理对股权激励政策的实施效果具有显著影响,董事会持股和独立董事比例的增加都能提高激励效应;相反,董事会与总经理两职合一的设置降低了股权激励的实施效果。

3.宏观制度环境对股权激励效应的影响

制度理论认为,企业总是处于特定的制度环境中,其行为表现及行为结果在很大程度上依赖于企业所处的制度环境。Porta 等(2002)认为良好的制度环境能够有效解决企业内部利益相关者之间的矛盾,降低代理成本,提高治理效率。Aguilera 等(2008)、Filatotchev 和 Allcock(2010)指出,委托代理理论指导下公司治理效应的研究始终没能取得一致研究结论的关键原因在于忽略了企业所处制度环境的基础性影响,并指出需要结合制度理论的基本观点,考察法律规范、文化传统和经济参与者价值观等国家层面的制度环境因素对高管激励机制适用性和有效性的影响。国内学者沈红波等(2012)也指出外部制度环境对企业内部最优契约的安排存在潜移默化的影响,与所处的外部制度环境相适应是影响股权激励契约有效性的重要前提。为此,很多学者结合制度理论的观点,考察了投资者法律保护、市场化程度、政府干预等外部制度环境因素对股权激励效应的影响。

VanEssen 等(2012)指出在检验激励机制的治理效果时,必须用制度理论的观点对委托代理理论加以补充,并运用 29 个国家的 332 项研究,采用元分析的方法发现,保护投资者权益的正式制度环境和非正式制度环境越完善,高管激励与企业绩效之间的正相关关系就越显著,并且两种类型的制度环境对高管激励效应具有显著的交互治理作用。Hu 等(2013)考察了转型经济体中市场化进程对国有企业激励效应的影响,研究发现,随着市场化改革的推进,国企高管的薪酬水平和薪酬业绩敏感度逐渐提高,但市场化进程的这种效应会受到高管政治联系的制约。Liu 等(2014)结合代理理论与制度理论的观点,运用我国上市公司的对外投资数据,考察了公司治理机制与区域制度环境的交互作用如何影响企业的战略决策,研究发现股权激励能显著提高企业的对外投资水平,产品市场、要素市场和法律系统等地区制度环境的发育程度对两者之间的关系具有显著的正向调节作用。Liang 等(2015)考察了政治因素对新兴经济体国家高管激励效应的影响,研究发现在监管市场中,高管的薪酬水平和薪酬绩效敏感度更多地受到政治因素的影响,而非市场力量的驱动,并运用中国上市公司的数据进行了实证检验,发现在强大的政治约束下,政府干预大大降低了国有企业的高管薪酬水平和薪酬的激励效应。Campbell(2016)运用全球 24 个国家超过 5 年的数据检验了股权激励与国家 GDP 增长率之间的关系,并探讨了利己主义文化和集体主义文化对两者关系的调节作用,研究发现一个国家授予高管股权激励的比例越大,未来实际国内生产总值的增长速度就越快,但与资本主义国家相比,这种促进效应在社会主义国家中表现得更为显著。

国内学者对股权激励效应实现过程中制度影响因素的探讨主要集中在

市场化进程、产品市场竞争和政府干预等方面。辛清泉和谭伟强（2009）基于国有企业市场化改革的制度背景，发现市场化进程增强了国有企业经理薪酬对业绩的敏感性。彭元（2012）认为股权分置改革消除了非流通股与流通股之间的制度性差异，为股权激励效应的发挥提供了重要条件。强国令（2012）基于我国股权分置改革的特殊制度背景，从制度环境与制度变迁的视角出发进行研究，结果显示，股权分置改革改善了管理层股权激励的治理效应，降低了因管理层自利行为而导致的过度投资问题。沈红波（2012）研究发现，股权分置改革前实施管理层持股激励的公司，其经营绩效相比控制样本没有显著差异，股权分置改革后，其经营绩效显著高于控制样本的水平。侯晓红和姜蕴芝（2015）研究发现市场化进程会抑制股权激励诱发的真实盈余管理和应计盈余管理，对股权激励的实施具有保护作用。

产品市场竞争的行业异质性也是我国制度环境的一大特点，对股权激励的实施效果也具有重要影响。刘金岩和牛建波（2008）指出，企业外部的制度环境特征会影响企业的治理特征和治理效率，并通过实证研究发现，只有当产品市场竞争程度超过一定水平后，经理层激励才存在显著的激励作用。李小荣和张俊瑞（2012）从股权激励的风险承担效应出发，研究发现高管股权激励与风险承担呈倒"U"形关系，但这种关系只存在产品市场竞争程度高的行业中，说明除了加强激励机制设计外，还需结合市场竞争，通过降低垄断力量等方式提高股权激励的风险承担效应。沈红波等（2012）研究发现，在竞争性的产品市场中，管理层持股激励有明显的正效应，而在垄断性市场中管理层持股的激励效应较弱。王怀明和李超群（2015）发现，在高度竞争的产品市场中，管理层持股具有激励效应，提高管理层持股比例对企业业绩具有积极作用，而在竞争程度低的产品市场中，管理层持股具有防御效应，提高持股比例对企业业绩具有消极作用。

最后，我国的资本市场正处于转型之中，政府在资源配置中仍起着举足轻重的作用，企业尤其是国有控股企业常常受到政府行政干预的影响。盛明泉和王烨（2011）指出，政府干预影响了国资控股企业对股权激励计划的选择，使得股权激励机制的有效性在初始选择环节就受到了一定程度的抑制，进而指出，要想提高股权激励的有效性，不仅需要完善各种内部公司治理机制，更需要改善政府治理，减少政府对国资控股公司过多的行政干预。林大庞和苏冬蔚（2011）研究表明，产权结构会影响股权激励与公司业绩之间的内在联系，股权激励有助于提升非国有控股公司的总资产报酬率，却无法影响国有控股公司的经营业绩。邵帅等(2014)通过案例研究指出,政府对国有上市公司的过多监管容易导致国有公司对激励方案进行不断的权衡和调整,严重阻碍和延缓了股权激励的推行,容易错过较好的激励时机,达不到理想的激励,而且在国企薪酬管制的背景下,国有企业在激励程度上受到了更严格的限制,大大降低了激励对象通过努力能获得的收益,导致股权激励难以激发激励对象的动力,限制了激励效果的发挥。

2.2.3 简要述评

纵观上述研究文献可以看出,尽管学界对股权激励效应及其影响因素的研究已经积累了丰富的研究成果,但仍然存在以下几个方面的局限与不足:

(1)目前的大多实证研究仍仅在短期、静态的研究视角下考察股权激励的短期或平均意义上的激励效应,忽略了长期时间框架下股权激励对企业绩效的动态影响,可能严重低估了股权激励最终的绩效提升作用,难以全面、系统地捕捉到股权激励的实施效果。首先,股权激励被学界认为是现代企业理论中最有成效、最具持续性的长效激励措施,实施的初衷和最终目的是通过高管个人利益和企业长远发展之间长期的绑定,激励代理人实现持续、长期的价值创造,因此股权激励的作用最终需要落实到企业绩效的持续、动态增长上。其次,股权激励效应实现过程中也存在着复杂的传导机制和作用路径,如企业的研发投资和创新活动等,因此,股权激励在实施后可能并不会产生立竿见影的激励效果。最后,企业绩效在短期内很容易受到内部人的操纵,目前过短的绩效评估窗口也很难辨别研究所观察到的绩效提升作用是激励对象真实的价值创造,抑或只是高管盈余管理的结果,因此现有的研究并不能真实地评估股权激励的实施效果。

(2)目前学界对股权激励效应的研究几乎都是基于传统的委托代理理论,对激励效应的影响因素也展开了大量的探究,但各个层面的探究深度还不够,难以揭示激励效应实现过程中复杂的影响机制和作用效果。

首先,在微观契约条款层面,虽然已有研究针对某个或某几个契约要素的影响展开了探索,但研究内容不够完整,逻辑层次也不够清楚,鲜有文献将股权激励主要的契约条款纳入一个分析框架进行整合研究。此外,股权激励是各项契约条款相互联系、协同作用的契约综合体,激励效应的发挥不仅取决于单个契约条款的选择,还取决于它们之间的科学安排与组合,而现有研究只是简单地对股权激励各个契约要素进行分离式的研究,尚未关注不同契约条款之间的相互搭配或组合下的协同作用,可能难以挖掘各契约要素之间的相互关系和协同作用,使研究结论的现实指导意义一定程度上受到了限制。

其次,在中观公司治理层面,现有研究大多基于西方分散的股权结构背景,忽略了我国上市公司集中型股权结构下大股东治理行为的复杂性,在股权激励与企业绩效之间的关系中,大股东可能同时存在着监督和侵占两类不同的动机。此外,公司治理机制是一个联动系统,各个治理要素之间存在着互补或替代等复杂的交互影响,其中,大股东的治理行为对其他治理机制的适用性和有效性有着基础性的影响。但现有研究未考虑大股东与董事会在股权激励效应实现过程中的交互影响,在不同的大股东控制水平下,董事会治理对股权激励实施效果的影响可能存在显著的差别。

最后,在宏观的制度环境层面,目前的研究尚处于起步阶段,相关实证研究较少,且大多都是基于国外成熟制度环境背景下的定性研究,对于转型经济背景下我国制度情境独特性的关注不多。此外,国内的相关研究多关注于市场化进程和股权分置改革对股权激励效应的影响,对于我国国有控股和市场竞争等其他特殊的制度环境因素的探究还需要进一步深化,尤其是国企多年的市场化改革使国有控股企业面临的市场竞争状况存在着显著的差异,一些国有企业已经成为按市场机制参与行业竞争的主体,也基本具备了现代企业制度的基本特征,而现有大多数研究都忽略了国有控股企业的这种异质性特征,没有考察股权激励效应在产品市场竞争不同的国有控股企业中可能存在的差异。

(3)国内早期的文献大多用经营者持股来衡量股权激励,两者虽然存在密切联系,但不能完全等同,直接选取经营者持股水平作为股权激励的替代变量事实上严重泛化了股权激励的概念。首先,在很多已经实施了股权激励的公司中,股份并没有被管理层实际持有;其次,高管持股的含义更加广泛,包括无法转让的发起人股、早期推行的内部职工持股和高管在二级市场上主动购入的股份等;最后,用高管持股衡量股权激励容易忽略股票期权的作用。因此,笼统地用经营者持股比例作为股权激励的替代变量,可能会导致实证结果存在一定噪声。

(4)在检验股权激励效应时,目前的多数研究缺乏一个相对科学的评估方法,没能对研究样本进行有效控制,大多利用简单的 OSL 估计方法对股权激励实施企业与未实施企业进行直接比较,难以克服由样本选择偏差导致的内生性问题,可能会造成较大的估计偏误。事实上,企业是否实施股权激励政策并非随机事件,特别是在我国特殊的监管环境下,股权激励的实施需要经过一系列严格的审批程序,证监会对企业的实施资质也有严格的筛选机制,往往业绩优良、治理完善的公司才有机会实施股权激励。周建波和孙菊生(2003)研究发现,实行股权激励的公司在实行前的经营业绩普遍较高,即业绩表现更好的企业更倾向于实施股权激励,证实了股权激励的实施行为存在明显的选择性偏见。因此,若不对研究样本进行合理筛选,即使研究观察到实施股权激励的公司的绩效表现更好,也无法判断这种差异是源于实施后的实际激励效应还是实施前的自选择效应。

第 3 章

股权激励对企业绩效的动态影响

3.1　引言

　　作为降低代理成本、提升企业绩效的重要治理机制,股权激励被认为是现代企业理论中最有成效、最具持续性的长期激励措施(顾斌和周立烨,2007;Bebchuk 和 Fried,2010)。随着股权分置改革的完成和一系列相关规定的出台,股权激励在我国上市公司中得到快速推行。尤其是在现阶段积极发展混合所有制经济,大力推进混合所有制改革的背景下,股权激励的实施迎来了新的契机,其治理地位也进一步得到了凸显。那么,股权激励是否发挥了预期的激励效应呢? 对于这一关键问题,在管理学领域已有大量研究考察了股权激励与企业绩效之间的关系,积累了丰富的研究成果,但一直没有形成统一的研究结论,从正相关到负相关,再到不相关,甚至非线性相关,各种关系都得到了一定的实证经验的支持。

　　针对以上争论,本研究认为前期多数研究或局限于考察股权激励的短期激励效应,或仅仅探究股权激励平均意义上的绩效提升作用,忽略了长期视角下股权激励对企业绩效的动态影响。首先,就实施的初衷而言,股权激励的目的是通过制度设计将高管的个人利益和企业的长远发展进行长期的绑定,避免工资、津贴和奖金等短期薪酬安排可能导致的高管短视化行为,从而激发经理层进行持续、长期的价值创造(Bebchuk 和 Fried,2010)。因此,股权激励的作用最终需要落实到企业绩效的动态增长上,而短期研究视角下的绩效提升作用只是股权激励效应的一部分,可能会严重低估股权激励最终的实施效果(陈文强,2016)。除此之外,股权激励效应的实现是一个循序渐进的系统过程,中间存在着复杂的作用路径和传导机制,如企业的研发投资和创新行为等,所以当前授予的激励可能需要一段时间之后,其效果才能完全反映在企业业绩上(Chen 和 Lee,2010;Chen 和 Ma,2011)。最后,企业绩效在短期内容易受到高管的操纵,为达到业绩目标,获得激励标的,激励对象有动机和能力在短期内通过信息操纵和盈余管理等途径对企业的绩效进行调节,因此判断股权激励的实效不能仅看短期绩效,长期绩效才是检验其有效性的试金石(宫玉松,2012)。基于以上分析,本研究认为长期视角下考察股权激励对企业绩效的动态影响才能更系统、真实地评估股权激励效应。

近年来,少数学者开始在较为长期的视角下展开股权激励效应的探索。Triki 和 Ureche(2012)基于 3 年的时间框架,研究发现股权激励对公司绩效无显著影响。顾斌和周立烨(2007)通过纵向比较的方法,发现我国股权激励的长期效应并不明显。吕长江等(2009)通过案例研究发现,股权激励更多地表现为"福利效应",即短期激励效果明显,长期激励效应不足。陈艳艳(2012)运用特征配对的方法,发现股权激励对企业经营业绩只有短暂的提升作用,不具有持续性,甚至会出现反转。相反,Hanlon 等(2003)研究发现股票期权与企业未来盈余显著正相关,价值 1 美元的期权能在授予后的5 年时间里产生 3.71 美元的累计营业收入。Chen 和 Ma(2011)研究发现,股权激励与企业长期股票收益正相关。Fang 等(2015)研究发现股权激励在实施当年和实施后的 2 年内都能显著提高企业绩效。陈文强和贾生华(2015)在 6 年的时间框架内检验了股权激励效应的持续性问题,发现股权激励对企业绩效的提升作用能持续 3 年时间。

上述研究一定程度上加深了我们对股权激励效应的认识,但也存在诸多局限。首先,股权激励的实施需要经过一系列审批程序,证监会对企业的实施资质也有严格的规定,造成经营业绩优良、公司治理完善的公司才能实施股权激励(谢德仁和陈运森;2010)。因此,即使观察到实施公司的绩效更好,也无法判断这种差异是源于实施后的激励效应还是实施前的自选择效应(Lian 等,2011;Fang 等,2015)。但目前的多数研究都没能对研究样本进行有效控制,难以克服由选择性偏差导致的内生性问题(如 Chen 和 Lee,2010;Triki 和 Ureche,2012),特征配对的方法在匹配过程中又往往会遇到

"高维诅咒"①问题(如陈艳艳,2012),案例研究下的结论又不具有普适性(如吕长江等,2009)。其次,之前的研究始终没有为股权激励动态效应的评估提供一个统一、合理的时间框架,根据 Fang 等(2015)的观点,中国公司的平均激励有效期为 5 年,因此,至少应该选择 5 年为研究的时间框架来考察股权激励的动态效应。然而在评估股权激励效应时,现有研究选择的时间窗口仍然太短,难以实现对实施企业的长期追踪研究,无法完全捕捉到股权激励的动态激励效应。最后更重要的是,这些研究都没有深入探讨股权激励效应的持续性与动态分布特征等问题(如 Hanlon,2003;陈文强和贾生华,2015)。股权激励对企业绩效的影响能持续多久,仅在实施的当期或近期存在即期或短期效应,还是在实施后的多年仍存在长期、持续的绩效提升作用? 股权激励的绩效提升作用在时间分布上具有什么特点,是平滑稳定的,还是存在滞后效应、反转效应、减弱效应,抑或渐强的"J"形效应,或是更加复杂的倒"U"形效应? 对这些核心问题,目前学界尚缺乏足够的探究。

股权激励是具有激励和约束效用的长效激励机制,还是高管谋取福利、"自发红包"的短期寻租工具? 在我国股权激励制度正式建立 10 年,相当数量的激励方案陆续进入行权期之际,本章从长期的研究视角出发,将股权激励效应评估的时间窗口扩展到 6 年,并采取能有效克服样本选择偏误的倾向得分匹配法,不仅检验了股权激励对企业绩效的整体提升作用,还重点考察了股权激励对企业绩效的动态影响,即股权激励绩效提升作用的持续性与时间上的动态分布问题,一定程度上填补了目前学界研究的不足,为全面评估股权激励的实施效果,厘清股权激励与企业绩效之间的关系提供了新的研究视角,也为股权激励制度的进一步推广和股权激励实施效果的改善提供了可资借鉴的政策启示。

---

① 高维诅咒是特征配对方法常常遇到的问题,当匹配变量的数量过多时,可能会遇到数据稀疏问题,在操作中很难找到与激励企业在所有特征变量上都相似的非激励企业与之匹配,但匹配变量数量过少又会产生不合适的非激励组企业,影响估计效果。倾向得分匹配法根据多维匹配指标进行倾向得分计算,并根据处理组和对照组之间 P 值的相近度对两者进行匹配。有益倾向得分不仅是一维变量,而且是取值介于 0~1 之间,从而可以较好地解决上述问题。

3.2　研究假设

就理论上而言,股权激励的长期导向属性决定了其对企业绩效具有动态影响。首先,相比工资、奖金等短期的薪酬激励机制,股权激励通过赋予激励对象企业剩余收益的索取权,将经营层的个人财富和企业长远发展相挂钩,改善了管理者与股东之间的代理问题,促进了经营者和股东利益实现渠道的统一(Murphy,2012),把股东对经营者的外部激励和约束变成管理者的自我激励和自我约束,使激励对象在从事日常经营活动时,不仅考虑企业的短期绩效,同时也考虑企业的长期绩效,进而降低了经营者进行盈余操纵等机会主义行为的可能性(Armstrong 等,2010;朱德胜和周晓珮,2016)。此外,传统的货币性薪酬难以依据高管的努力程度进行动态调整,导致经理人决策时存在短视和风险规避等代理问题,股权激励是基于产出的报酬,改善了代理人的薪酬结构,能补充反映高管的边际贡献,提高了激励对象的风险承担意愿和水平,使风险规避的高管愿意承担风险更高但净现值为正的投资项目,如提高企业的投资期限、研发水平与创新能力等(Cadman 和 Sunder,2014;Chang 等,2015),从而促进企业的长期价值增值,产生更持久的业绩表现;再者,股权激励存在分期授予或行权、禁售期或锁定期和业绩条件等限制性条款,只有公司业绩持续向优,在激励期限内均达到契约规定的绩效条件,同时公司股价长期保持在行权价格之上,经理人才能获得激励标的,真正实现激励收益,因此,股权激励能够引导激励对象更好地为公司的长期价值服务(Bebchuk 和 Fried,2010;Gopalan 等,2014);最后,股权激励具有"金手铐"效应,不仅对偏好风险的高管具有特殊的吸引力,其延期支付的特点还增加了激励对象的离职成本,牢牢地将高管锁定在等待期内,从而能吸引和留住关键人才,稳定核心团队,保证企业的持续发展(宗文龙等,2013)。

此外,目前的相关实证研究虽未直接考察了股权激励的动态效应,但相关的研究结论也从侧面印证了股权激励效应具有动态性。Hanlon 等(2003)研究发现股票期权与企业未来盈余显著正相关,价值 1 美元的期权能在授予后的 5 年时间里产生 3.71 美元的累计营业收入。Chen 和 Ma(2011)研究发现短期内股权激励与企业资本回报率负相关,但从长期来看股权激励与企业资本回报率和长期股票收益正相关。Fang(2015)等研究发现股权激励在实施当年和实施后的两年时间都能显著提高企业绩效。我国学者宋建波和田悦(2012)研究发现管理层持股对盈余持续性有显著的增强作用。汪涛和胡敏杰(2013)对股权激励的长期股价效应进行分析,发现在实施后的两年时间里,相对于大盘指数,公司存在显著的长期持有超额收益。陈文强和贾生华(2015)检验了股权激励效应的持续性问题,发现股权激励对企业绩效的提升作用能持续三年时间。因此,我们认为股权激励不仅存在即期或短期的激励效应,还能在长期框架下对企业绩效产生动态的提升作用。

至于股权激励效应在研究框架内会呈现怎样的时间分布特征,目前的理论探讨和实证研究还不多见。本研究认为股权激励效应可能存在以下几类有待检验的分布特征:第一,股权激励可能具有滞后效应,即股权激励效应的实现可能存在一个较长的孕育期,当前授予高管的激励在短期内不存在激励效应,数年时间之后才能显著地提高企业的盈利水平(Chen 和 Ma,2011);第二,股权激励也可能具有反转效应(陈燕燕,2012),即股权激励效应只是盈余管理的结果,并非企业真实的绩效提升,因此仅存在短暂的激励效应,不具有持续性,甚至在实施的后期出现业绩跳水,显现出负效应,损害企业的绩效和价值;第三,股权激励效应还可能会经历波纹式的减弱过程,即激励效应在实施后的各期可能存在边际效应递减的趋势,即股权激励的前期激励效果更佳,随着时间推移,激励效应逐渐减弱;第四,股权激励也可能存在"J"效应,即激励的绩效提升作用在时间分布上存在着先弱后强的特征,这可能是股权激励促进了企业风险投资和研发创新的行为,随着时间的推移,这些长期项目的效果逐渐体现在了企业绩效上,从而表现出了边际激励效果递增的趋势,当然,股权激励效应可能还会存在先降后升的"U"形、先升后降的倒"U"形等更为复杂的动态分布特征。

基于此,提出本章的研究假设:

> 假设 3.1:股权激励对企业绩效具有动态影响,不仅整体上存在激励效应,在长期评估框架下还具有持续性,具体的动态分布特征有待实证检验。

3.3 研究设计

3.3.1 研究方法

本研究参照陈文强和贾生华(2016)的做法,采用 Rosenbaum 和 Rubin (1983)提出的倾向得分匹配法(PSM)评估股权激励的动态激励效应。基于"反事实推断框架"的 PSM 能在多个维度上匹配出与实施股权激励企业最"相仿"的对照企业,利用两组之间的表现差异反映股权激励对企业绩效的净影响,不仅能避免"高维诅咒"的问题,还能降低样本选择性偏误导致的内生性问题。

PSM 的第一步是获取倾向得分值,即企业实施股权激励的条件概率。首先需要根据式(3.1)获取倾向得分值:

$$P(X) = \Pr[D=1 \mid X] = E[D \mid X] \tag{3.1}$$

其中,D 为表征企业是否实施股权激励的研究变量,若某家公司实施了股权激励,则样本为激励组,$D=1$,否则样本为控制组,$D=0$;P 为实施股权激励的条件概率,即倾向得分值;X 为影响企业实施股权激励的因素,也叫匹配变量。

由于实证分析中倾向得分往往是无法直接测量的,通常需要采用 Logit 或 Probit 等概率模型进行估计。参考 Dehejia 和 Wahba(2002)的做法,本研究采用 Logit 模型对企业是否实施股权激励的二元被解释变量进行回归:

$$\mathrm{PS}(X_i) = \mathrm{P}(X_i) = \Pr(D_i=1 \mid X_i) = \frac{\exp(\beta X_i)}{1+\exp(\beta X_i)} \tag{3.2}$$

其中 $\mathrm{PS}(X_i)$ 为某家公司实施股权激励的倾向得分;D 为企业是否实施股权激励的研究变量;$\dfrac{\exp(\beta X_i)}{1+\exp(\beta X_i)}$ 为逻辑分布的累积分布函数;X 为影响股权激励实施与否的匹配变量;β 为相应的参数向量。

获得倾向得分估计值后,需要对样本进行匹配。PSM 的第二步就是根据式(3.2)计算的倾向得分值对激励组与控制组样本进行配对。理论上,应该找到两个倾向得分完全相同的样本,但由于 PS 是一个连续性变量,很难找到两个分值完全相同的样本,需要采用具体的配对方法。本研究综合采用最近邻匹配、半径匹配及核匹配三种常用的配对方法对股权激励效应进行检验。

最近邻匹配的基本思想是根据计算出的激励组的 PS 值,向前或者向后寻找与其倾向得分最为接近的样本作为匹配对象。半径匹配的基本思想是预先设定一个常数 r 为搜索半径,把控制组中 PS 值与激励样本的 PS 值之间的差异不大于 r 的样本选定为匹配对象。核匹配是一种较为特殊的非参数估计方法,原理是先将对照组中 PS 值在激励组附近的所有企业进行加权,权重与两者的 PS 值之差相关,然后与激励组中的企业进行匹配,其中宽带系数决定了进入匹配范围的企业数量。

在报告匹配结果之前,为保证匹配效果,还需进行匹配的平衡性检验,即根据匹配的"共同支持假设"与"独立性假设"对匹配的有效性进行判断。其中,"共同支持假设"需要保证实施股权激励的企业都能通过倾向得分值找到与之匹配的未实施股权激励的企业。"独立性假设"指激励组与控制组在匹配变量上不存在显著差异,即在控制两组样本共同的特征变量后,经营绩效的差异完全是由股权激励的实施导致的,如果两组样本存在显著差异,则表示匹配变量或匹配方法选取不当,本次匹配无效。

最后,参照 Becker 和 Ichino(2002)的方法计算平均处理效应(ATT),即股权激励对企业绩效的净影响:

$$\begin{aligned}
\text{ATT} &= E[Y_{1i} - Y_{0i} \mid D_i = 1] \\
&= E\{E[Y_{1i} - Y_{0i} \mid D_i = 1, P(X_i)]\} \\
&= E\{E[Y_{1i} \mid D_i = 1, p(X_i)] - E[Y_{0i} \mid D_i = 0, P(X_i)] \mid D_i = 1]\} \quad (3.3)
\end{aligned}$$

其中,Y 为结果变量,用于衡量股权激励效应,本研究为企业财务绩效。Y_{1i} 和 Y_{0i} 分别表示某家公司实施股权激励和没有实施股权激励时的绩效表现。本研究通过观察匹配后实施当年至实施后第六年 ATT 的大小和显著性水平来检验股权激励的动态激励效应,其中,股权激励正式实施的当年定义为 T 年,实施后的第一年为 $T+1$ 年,以此类推,$T+6$ 为实施后的第六年。考虑到我国实施股权激励的历史较短,样本量较少,为克服小样本偏误,本研究借鉴了 Lian 等(2011)和 Fang 等(2015)的思路,采用拔靴法

(Bootstrap)来获取效应估计的标准误差。

3.3.2 变量定义

股权激励效应最终表现为企业绩效的提升,所以本研究的结果变量为企业的财务绩效。鉴于净资产收益率是监管上市公司的重要指标,部分公司可能为满足监管要求而对其进行操纵,因此本研究用总资产收益率(ROA)作为企业绩效的代理变量。同时,学界通常采用会计业绩和市场业绩两大类指标衡量企业绩效,为更全面反映股权激励对企业绩效的提升效应,我们还采用 Tobin's Q 值这一被普遍使用的市场业绩指标作为企业绩效的另一个代理变量进行稳健性检验。

本研究的研究变量为企业是否实施了股权激励的二元虚拟变量,实施为 1,否则为 0。本研究选择股权激励实施前一年的公司规模、资产负债率、盈利能力、高管薪酬、高管持股比例、两职合一、董事会规模、独立董事比例、第一大股东持股比例、股权集中度、股权制衡度、行业性质以及股权性质等已被证实对企业股权激励的实施行为有影响的变量作为逻辑回归的匹配变量,以期通过多元匹配分析找到股权激励实施前一年与激励组样本尽可能相似的控制组样本。另外,为了控制行业和年度特征对结果的影响,我们还在模型中加入了行业和年度哑变量。各变量名称与计算方法见表 3.1。

3.3.3 数据来源

本研究选取股权分置改革完成后和《上市公司股权激励管理办法》实施以来,即 2006—2014 年公布股权激励方案的公司为原始样本,剔除了尚未实施、延期实施和终止实施的方案,再剔除金融保险行业、ST 类和数据不全的公司,最终得到 510 个激励组样本。对于控制组样本,本研究选取 2006—2014 年沪深 A 股上市公司为初始样本,剔除了金融保险类上市公司、ST 类上市公司以及数据缺失和异常的公司,最终得到 13 354 家备选的匹配样本公司。同时,为了消除极端值的影响,本研究对所有连续变量按照 1%的标准进行了缩尾处理。本研究相关数据来源于国泰安数据库和万得资讯金融终端系统,数据处理由 Stata 12.0 完成。

表 3.1　变量名称与计算方法

变量类型	变量名称	变量符号	变量计算方法
结果变量	企业绩效	ROA	净利润与期末总资产之比
		Tobin's Q	权益市场价值与负债面值之和与期末总资产账面价值之比
研究变量	股权激励	Incentive	实施股权激励为1,否则为0
匹配变量	公司规模	Lnasset	总资产的自然对数
	资产负债率	Lev	期末负债总额与资产总额之比
	盈利能力	Adj_ROE	经年度行业均值调整后的净资产收益率
	高管薪酬	Lnpay	管理层现金薪酬总额的自然对数
	高管持股	Msr	高管持有股数与总股本股数之比
	两职合一	Dual	董事长和总经理兼任为1,否则为0
	董事会规模	Board	董事会人数的自然对数
	独立董事	Indboard	独立董事人数与董事会人数之比
	第一大股东持股	Topone	第一大股东持股与总股份之比
	股权集中度	HHI5	公司前5位大股东持股比例之和
	股权制衡度	Zindex	公司第一大股东与第二大股东持股比例之比
	行业性质	Hitech	公司处于高科技行业取值为1,否则为0
	产权性质	State	最终控制人为国有主体取值为1,否则为0
	行业效应	Industry	以证监会2001年的行业分类标准设置行业虚拟变量
	年度效应	Year	根据研究年度设置年度虚拟变量

3.4　实证结果

3.4.1 描述性统计

　　表 3.2 给出了倾向得分匹配之前,样本总体、股权激励实施组与未实施组主要变量的描述性统计情况。可以看出实施股权激励的企业其基本财务

指标与公司治理水平均高于未实施股权激励的样本水平。具体而言,实施股权激励的企业拥有更优的绩效表现、更大的资产规模、更低的负债率、更高的薪酬水平和更合理的公司治理安排。同时,实施股权激励的企业多为高科技企业且以非国有企业为主。

表 3.2 主要变量的描述性统计分析

统计指标	样本总体			实施股权激励组			未实施股权激励组		
	均值	中位数	标准差	均值	中位数	标准差	均值	中位数	标准差
ROA	0.039	0.034	0.055	0.060	0.055	0.047	0.037	0.032	0.056
Tobin's Q	1.934	1.557	1.127	2.141	1.765	1.168	1.914	1.542	1.121
lnasset	21.813	21.600	1.251	22.024	21.800	1.205	21.793	21.600	1.253
Lev	0.467	0.476	0.210	0.409	0.407	0.201	0.472	0.481	0.210
Lnpay	13.892	13.911	0.768	14.359	14.346	0.661	13.848	13.911	0.763
Msr	0.037	0.000	0.105	0.090	0.009	0.148	0.032	0.000	0.099
Dual	0.194	0.000	0.395	0.320	0.000	0.467	0.182	0.000	0.386
Board	9.047	9.000	1.852	8.743	9.000	1.717	9.076	9.000	1.862
Indboard	0.367	0.333	0.051	0.374	0.333	0.054	0.366	0.333	0.051
Topone	0.362	0.345	0.153	0.326	0.304	0.144	0.365	0.350	0.153
HHI5	0.522	0.525	0.157	0.518	0.524	0.153	0.522	0.525	0.157
Zindex	15.303	4.941	27.038	7.123	3.169	12.273	16.085	5.227	27.920
State	0.526	1.000	0.499	0.155	0.000	0.362	0.561	1.000	0.496
Hitech	0.319	0.000	0.466	0.458	0.000	0.498	0.305	0.000	0.461

3.4.2 匹配效果检验

为保证匹配模型的合理性,本研究首先参照 Lian 等(2011)和 Fang 等(2015)的做法,对 Logit 模型进行了三种形式的设定,并选取 Pseudo-R^2 和 AUC 两个常用的指标来判别 Logit 模型的效果。在使用 Logit 模型获取倾向得分时,AUC 大于 0.8 便可认为构建方程的指标较好(Sturmer 等,2006),本研究中的四个模型的 AUC 均超过了 0.8,最终我们选择了判别指标值最高的 M3 来计算倾向得分。

从表 3.3 的回归结果还可以看出:公司前期的资产规模越大、盈利能力越强、高管薪酬和持股比例越高、董事会规模越大、独立董事比例越高、股权集中度越高,企业实施股权激励的可能性就越大,而前期负债率越高、股权制衡度越高的企业,实施股权激励的倾向越低;相较于国有企业,民营企业更倾向于实施股权激励;而第一大股东持股比例、董事长与总经理两职合一则对股权激励的实施没有显著影响。上述回归结果说明股权激励实施行为存在明显的内生性,前期经营业绩更好、公司治理更完善的企业更倾向于实施股权激励计划,若不考虑样本选择,这种自选择偏误可能会影响股权激励效应评估的可靠性。

表 3.3 逻辑回归模型汇总

匹配变量	M1		M2		M3	
	系数	T 值	系数	T 值	系数	T 值
Lnasset	0.204***	(3.14)	0.194***	(3.01)	0.163**	(2.47)
Lev	−1.121***	(−3.60)	−1.011***	(−3.23)	−1.017***	(−3.25)
Adj_ROE			2.804***	(4.27)	2.803***	(4.27)
Lnpay	0.617***	(7.21)	0.549***	(6.33)	0.541***	(6.22)
Msr	0.854***	(2.60)	0.857***	(2.59)	0.791**	(2.39)
Dual	0.024	(0.20)	0.035	(0.29)	0.038	(0.32)
Board	0.038	(1.18)			0.077**	(2.18)
Indboard					2.409**	(2.42)
Topone			0.001	−0.13	0.001	−0.22
HHI5	0.749**	(2.26)	0.6	(1.16)	0.587	(1.13)
Zindex	−0.019***	(−3.87)	−0.020***	(−3.27)	−0.020***	(−3.24)
Hitech	0.151	(1.23)	0.169	(1.38)	0.172	(1.40)
State	−2.177***	(−13.41)	−2.143***	(−13.26)	−2.189***	(−13.36)
Industry	控制	控制	控制	控制	控制	控制
Year	控制	控制	控制	控制	控制	控制
常数项	−15.661***	(−11.38)	−14.236***	(−10.10)	−15.032***	(−10.40)
Pseudo-R²	0.243		0.247		0.249	
AUC	0.876		0.877		0.878	
N	13 863		13 863		13 863	

注:***、**、*分别表示 T 检验 1%、5%、10%的显著性水平。

为保证匹配效果,在实证分析前需要根据共同支持假设和独立性假设进行匹配的平衡性检验。共同支持假设需要保证激励组企业都能通过倾向得分值找到与之最具可比性的对照组样本。图 3.1 呈现了最近邻匹配下激励组和控制组匹配前后 PS 值的核密度分布情况。在匹配前,激励组与控制组倾向得分值(PS)的概率分布存在明显差异,控制组的分布重心显著高于激励组,如果直接比较这两组样本间绩效表现的差异,所得到的统计推断可能存在较大偏差。匹配后,控制组的 PS 分布曲线明显向右移动,两组样本 PS 值的概率分布差异大幅降低,并呈现了显著的趋近和重叠,表明两组样本 PS 值的分布偏差得到有效修正,匹配的效果较为理想,共同支撑假设得到满足。

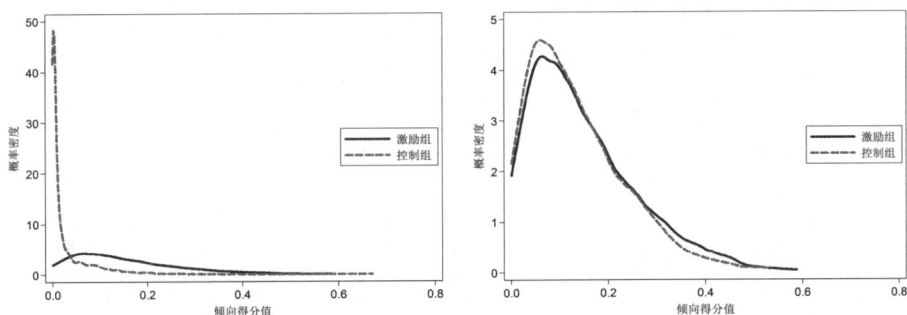

图 3.1　匹配前后激励组与控制组的倾向得分概率分布图

注:横坐标为倾向得分值,纵坐标为概率密度。

　　独立性假设要求匹配后各变量在激励组和控制组间不存在显著差异,即控制了两组样本共同的特征变量后,经营绩效的差异完全是由股权激励的实施所导致的。一般认为匹配后匹配变量标准偏差的绝对值应该小于 5%(Smith 和 Todd,2005),如表 3.4 所示,匹配后,匹配变量的标准化偏差均大幅度下降,绝对值都小于 5%,T 检验的结果也表明匹配后激励组与控制组不存在显著差异,表明平衡性假设得到满足。此外,本研究还对匹配变量进行了 Kolmogorov-Smirnov 同分布检验,匹配前激励组与控制组的公司基本特征在分布上存在显著差异,匹配后 K-S 检验的所有 P 值均大于 0.1,说明这些变量在分布上不存在显著的差异,本研究选择的匹配变量和匹配方法是有效的,能匹配出与激励组企业最接近的控制组样本。

　　值得注意的是,匹配前激励组公司前期经营业绩的均值和中位数均显著高于控制组水平,表明实施股权激励公司的前期业绩普遍较高,存在选择性偏见,而之前的研究基本上都没有考虑前期业绩的影响,可能存在"均值回归"的现象。

表 3.4 匹配前后匹配变量的差异检验

匹配变量	匹配阶段	平均值		标准偏差（%）	中位数		均值无差异 T 检验		K-S 非参数同分布检验	
		激励组	控制组		激励组	控制组	T 值	P 值	D 值	P 值
Lnasset	匹配前	21.562	21.682	−10.4	21.365	21.512	−2.22	0.026 **	0.099	0.007 **
	匹配后	21.562	21.528	2.9	21.365	21.311	0.5	0.619	0.033	0.946
Lev	匹配前	0.343	0.471	−62.8	0.318	0.485	−13.68	0.000 ***	0.267	0.000 ***
	匹配后	0.343	0.343	0	0.318	0.311	−0.01	0.996	0.057	0.371
Adj_ROE	匹配前	0.029	−0.001	28.2	0.021	−0.007	5.17	0.000 ***	0.158	0.000 ***
	匹配后	0.029	0.029	0.1	0.021	0.019	0.02	0.983	0.019	0.827
Lnpay	匹配前	14.155	13.667	65.3	14.152	13.656	13.5	0.000 ***	0.296	0.000 ***
	匹配后	14.155	14.109	6.2	14.152	14.078	1.09	0.278	0.058	0.365
Msr	匹配前	0.121	0.029	62.8	0.01	0	20.19	0.000 ***	0.45	0.000 ***
	匹配后	0.121	0.129	−5.4	0.01	0.007	−0.68	0.499	0.079	0.082 *
Dual	匹配前	0.361	0.162	46.4	0	0	11.8	0.000 ***	0.206	0.000 ***
	匹配后	0.361	0.367	−1.4	0	0	−0.2	0.845	0.007	1
Board	匹配前	8.729	9.224	−27.4	9	9	−5.73	0.000 ***	0.107	0.000 ***
	匹配后	8.729	8.773	−2.4	9	9	−0.41	0.681	0.037	0.881
Indboard	匹配前	0.375	0.361	26	0.333	0.333	6.09	0.000 ***	0.123	0.000 ***
	匹配后	0.375	0.376	−1	0.333	0.343	−0.15	0.883	0.042	0.761
Topone	匹配前	0.353	0.381	−18.6	0.338	0.37	−3.97	0.000 ***	0.11	0.000 ***
	匹配后	0.353	0.346	4.4	0.338	0.327	0.73	0.464	0.051	0.511
HHI5	匹配前	0.58	0.542	25.8	0.606	0.555	5.45	0.000 ***	0.121	0.000 ***
	匹配后	0.58	0.576	2.9	0.606	0.599	0.47	0.641	0.077	0.099 *
Zindex	匹配前	6.037	19.611	−45.4	2.941	5.44	−7.64	0.000 ***	0.245	0.000 ***
	匹配后	6.037	6.012	0.1	2.941	2.991	0.03	0.973	0.061	0.291
State	匹配前	0.112	0.618	−123.7	0	0	−23.35	0.000 ***	0.194	0.000 ***
	匹配后	0.112	0.096	3.8	0	0	0.82	0.412	0.007	1
Hitech	匹配前	0.476	0.289	39.3	0	1	9.12	0.000 ***	0.516	0.000 ***
	匹配后	0.476	0.469	1.6	0	0	0.25	0.802	0.016	1

注：*** 、** 、* 分别表示 T 检验 1%、5%、10%的显著性水平。

3.4.3 实证结果分析

1.基于倾向得分匹配法的初步检验

本研究首先基于倾向得分匹配法,综合采用最近邻匹配、半径匹配和核匹配三种方法来检验股权激励的实施效果。表 3.5 第一行呈现了股权激励的整体激励效果,从最近邻匹配的结果来看,匹配后激励组的 ROA 均值为 0.0609,控制组的 ROA 均值为 0.0455,ATT 为 0.0153,且在 1% 的水平上显著,表明股权激励的实施使企业的 ROA 提高了 33.6%。半径匹配与核匹配下的 ATT 值也均在 1% 的水平下显著为正,表明股权激励总体上存在激励效应,能显著提高企业的财务绩效。

上述结果表明股权激励整体上对企业绩效具有显著的提升作用,但这种影响只是平均意义上的,无法显示股权激励的动态效应,股权激励效应是否具有持续性,在时间分布上存在何种动态特征,这是我们更关注的问题。为此,我们还进一步考察了实施的当年至实施后的第六年,股权激励对企业绩效的动态影响。由于在匹配过程中控制了前期绩效,匹配后激励组与控制组在实施前一年在绩效上并无显著性差异,表明本研究的匹配效果较好。在股权激励实施的当期和实施后的第一年,激励组和控制组之间的绩效表现并无显著差异;从实施后的第二年至第四年,激励组的经营绩效均显著高于控制组水平,ATT 值均显著为正,表明股权激励对企业绩效有明显的动态影响,但存在一定的滞后效应;从实施后的第二年开始,股权激励在随后三年里显现出了持续的激励效果。

结合表 3.5 与图 3.2,我们还发现,股权激励对企业绩效的提升程度在激励效应的评估时间框架内并不是平滑稳定的,而是随着时间的推移,存在先上升后下降,最后逐渐不显著的倒"U"形特征,即在实施的当年和实施后的第一年,股权激励对企业绩效并无显著影响,自此之后,股权激励的绩效提升作用呈现了一个逐渐加强的趋势,在实施后第三年对企业绩效的提升作用最大,到实施第四年后,激励组的 ATT 和显著性水平逐渐下降,股权激励效应表现为边际递减,到实施后的第五年,激励组与控制组在绩效表现上已无显著差异,股权激励效应逐渐消失。半径匹配与核匹配下 ATT 的大小、显著性水平与时间变化趋势也基本与最近邻匹配下的估计结果保持了一致,表明本研究的研究结论较为稳健,不会因匹配方法的改变而不同。

表 3.5 PSM 下股权激励动态效应的初步检验

研究期间	匹配方法	激励组	控制组	ATT	标准误	T 值
T 至 T+6	匹配前	0.0609	0.0371	0.0238	0.0016	14.96***
	最近邻匹配	0.0609	0.0455	0.0154	0.0023	6.81***
	半径匹配	0.0603	0.0467	0.0136	0.0017	8.04***
	核匹配	0.0608	0.0469	0.0139	0.0016	8.57***
T−1	匹配前	0.0556	0.0354	0.0203	0.0056	3.59***
	最近邻匹配	0.0556	0.0559	−0.0002	0.0003	−0.7
	半径匹配	0.0555	0.0569	−0.0013	0.0043	−0.31
	核匹配	0.0556	0.0563	−0.0006	0.0015	−0.43
T	匹配前	0.0584	0.0322	0.0261	0.0023	11.27***
	最近邻匹配	0.0584	0.0557	0.0026	0.0023	1.16
	半径匹配	0.0584	0.0548	0.0036	0.0025	1.42
	核匹配	0.0584	0.0554	0.0030	0.0027	1.09
T+1	匹配前	0.0603	0.0318	0.0286	0.0033	8.6***
	最近邻匹配	0.0603	0.0536	0.0067	0.0043	1.56
	半径匹配	0.0602	0.0535	0.0068	0.0042	1.61
	核匹配	0.0603	0.0553	0.0050	0.0029	1.76*
T+2	匹配前	0.0612	0.0290	0.0322	0.0041	7.92***
	最近邻匹配	0.0612	0.0483	0.0129	0.0047	2.73***
	半径匹配	0.0611	0.0477	0.0134	0.0041	3.3***
	核匹配	0.0612	0.0490	0.0122	0.0030	4.1***
T+3	匹配前	0.0638	0.0302	0.0336	0.0061	5.48***
	最近邻匹配	0.0638	0.0457	0.0182	0.0077	2.37**
	半径匹配	0.0638	0.0451	0.0187	0.0060	3.11***
	核匹配	0.0638	0.0464	0.0174	0.0064	2.72***
T+4	匹配前	0.0605	0.0303	0.0302	0.0086	3.53***
	最近邻匹配	0.0605	0.0455	0.0149	0.0076	1.96**
	半径匹配	0.0604	0.0464	0.0140	0.0064	2.19**
	核匹配	0.0605	0.0458	0.0146	0.0049	3.01***

续表

研究期间	匹配方法	激励组	控制组	ATT	标准误	T 值
$T+5$	匹配前	0.0568	0.0284	0.0284	0.0088	3.24***
	最近邻匹配	0.0568	0.0478	0.0090	0.0084	1.07
	半径匹配	0.0568	0.0491	0.0077	0.0056	1.39
	核匹配	0.0568	0.0507	0.0061	0.0036	1.69*
$T+6$	匹配前	0.0523	0.0317	0.0206	0.0067	3.1***
	最近邻匹配	0.0523	0.0480	0.0044	0.0190	0.23
	半径匹配	0.0523	0.0477	0.0047	0.0091	0.51
	核匹配	0.0522	0.0492	0.0030	0.0066	0.46

注:ATT 值服从 t 分布;***、**、* 分别表示 1%、5%、10%的显著性水平。

从匹配结果还可以看出,匹配之前两组样本每年的绩效之差均远高于匹配后的 ATT 值,表明如果不根据企业特征,尤其是前期业绩加以匹配而直接评估股权激励的实施效果,将大大高估股权激励对企业绩效的影响程度和持续时间,再次表明倾向得分匹配法能够提高研究结论的稳健性。

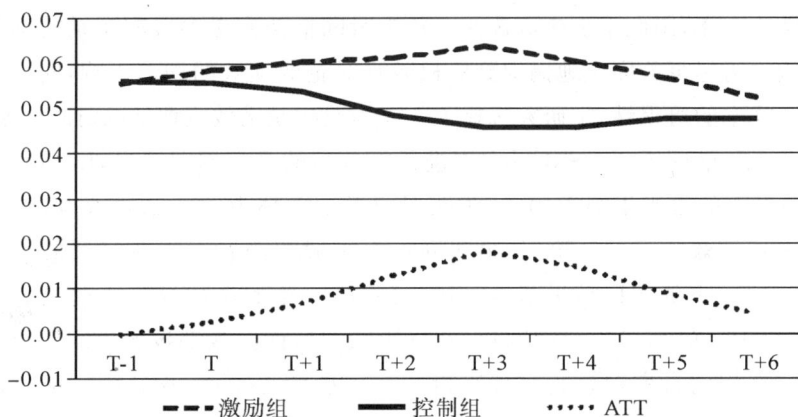

图 3.2　最近邻匹配下股权激励对企业绩效的动态影响

注:横坐标为研究期间,纵坐标为 ROA。

2.匹配后多元回归分析的再次检验

由于本研究考察的时间框架较长,在股权激励实施后,样本的基本特征与匹配的初期相比可能已经发生了较大变化,激励效应评估期间激励组与控制组的企业基本特征可能已经存在了系统性的差别,因此有必要控制这些可能变化的特征因素的影响。为此,我们采用最近邻匹配法,根据 1∶1 的配对标准从控制组中筛选出与激励组倾向得分最接近的企业作为对照组,在此基础上,进一步进行多元回归分析,通过在回归模型中加入可能影响企业绩效的其他变量来控制上述问题。模型如下所示:

$$\text{Performance}_{it} = \beta_0 + \beta_1 \text{Incentive}_{it} + \beta_2 \text{Control}_{it} + \varepsilon_{it} \tag{3.4}$$

$$\text{Performance}_{it} = \beta_0 + \sum_1^6 \beta_i \text{Incentive\_Year}_{it} + \beta_7 \text{Control}_{it} + \varepsilon_{it} \tag{3.5}$$

模型(3.4)用于检验股权激励的整体激励效应,Performance 用 ROA 来衡量;Incentive 为企业是否实施股权激励的哑变量,实施为 1,否则为 0;Control 为控制变量组,包括企业的前期绩效、资产规模、负债率、现金流、高管薪酬与持股比例、股权集中度与制衡度、两职合一、董事会规模与独董比例、控制权性质等。此外,我们还控制了行业和年度因素的影响。

为检验长期视角下股权激励的动态激励效应,我们将模型(3.4)中的 Incentive 哑变量分解成一组实施之后的年份哑变量,如模型(3.5)所示,估计系数 $\alpha_i(i=1,2,\cdots,6)$ 分别刻画股权激励实施后的第一年至第六年对企业绩效的影响。根据 Fang 等(2015)的观点,我国上市公司股权激励的平均激励有效期为 5 年,因此至少应该选择 5 年为时间框架来考察股权激励的动态激励效应。为尽可能完全地捕捉到股权激励对企业绩效的动态影响,同时考虑到研究样本的可得性,本研究选择了 6 年为股权激励效应评估的时间框架。

表 3.6 呈现了经 PSM 对样本进行筛选后的多元回归结果,Incentive 的系数在 1% 的水平上显著为正,说明股权激励整体上存在激励效应,能显著提高企业绩效。表中的第三、第四列汇报了股权激励对企业绩效的动态影响,与 PSM 下的实证结果基本一致,实施第一年的系数没有通过显著性检验,在实施后的第二年至第四年,股权激励的估计系数都显著为正。通过观察研究期间内自变量系数绝对值和显著性水平的变化,我们还发现股权激励效应在实施后的各期并不是平滑稳定的,而是随着时间的推移,存在先上升、后下降、最后逐渐不显著的倒"U"形特征,即在实施的第一年不显著,随后股权激励对企业绩效的提升作用呈现了一个逐渐加强的趋势,在实施后的第三年对企业绩效的提升作用最大,到实施第四年后,自变量系数的绝对值和显著性水平逐渐下降,到实施后的第五年,激励组与控制组在绩效上已无显著性差异,股权激励效应逐渐消失。表 3.6 的实证结果说明股权激励在长期的研究视角下存在动态激励效应,对企业绩效的提升作用能持续三

年时间，但当前授予的激励并不能立竿见影地提升企业绩效，而是经历了为期一年的滞后期，本章的假设得到数据支持。

表 3.6　多元回归下股权激励动态效应的再次检验

变量与指标	系数	T 值	系数	T 值
Incentive	0.006***	(2.73)		
Incen_year$_1$			0.002	(0.54)
Incen_year$_2$			0.005***	(2.66)
Incen_year$_3$			0.010***	(2.72)
Incen_year$_4$			0.006**	(2.03)
Incen_year$_5$			0.004	(0.17)
Incen_year$_6$			0.001	(0.29)
Lgroe	0.087***	(5.18)	0.086***	(5.16)
Lnasset	0.007*	(1.90)	0.007*	(1.91)
Lev	−0.069***	(−6.41)	−0.069***	(−6.39)
Cashflow	0.137***	(8.32)	0.137***	(8.32)
Lnpay3	0.022***	(6.99)	0.022***	(7.01)
Msr	−0.000	(−1.31)	−0.000	(−1.33)
Topone	0.036	(1.47)	0.035	(1.46)
HHI5	0.012	(0.59)	0.012	(0.60)
Zindex	0.000	(0.30)	0.000	(0.26)
Dual	0.004	(1.34)	0.004	(1.37)
Board	0.000	(0.24)	0.000	(0.22)
Indboard	−0.029	(−0.95)	−0.028	(−0.93)
State	−0.012	(−1.64)	−0.013*	(−1.65)
Cons	−0.375***	(−4.22)	−0.378***	(−4.25)
N	3 790		3 790	
R^2	0.191		0.191	
F	17.843		15.492	

注：为选取最佳估计模型，本研究已对模型的设定形式进行判断，根据 F 检验、LM 检验和 Huasman 检验的结果，我们最终选择了固定效应模型进行实证分析。***、**、*分别表示 T 检验 1%、5%、10%的显著性水平。

3.内生性检验

上面研究发现股权激励对企业绩效存在动态影响，但研究结果可能会受到内生性问题的影响，为此我们进一步进行了一系列的内生性检验。

对于互为因果问题，本研究以样本企业同年度同行业龙头企业股权激励的实施行为作为工具变量进行了两阶段回归。上市公司在推出股权激励计划时，一般会参照同行业其他企业，尤其是龙头企业的实施行为，所以龙头企业股权激励的实施行为应与样本企业的实施行为显著正相关，而龙头企业的实施行为一般不会对样本企业的财务绩效产生显著的直接影响。具体而言，本研究将除本公司外当年行业内营业收入最高的公司定义为龙头企业，龙头企业实施了股权激励，LT_Incentive 定义为 1，否则为 0。表 3.7 报告了工具变量两阶段回归的实证结果。第一阶段的回归中使用 Logit 回归，被解释变量为 Incentive 虚拟变量，使用 Incentive 第一阶段的拟合值 Predict_Incentive 作为第二阶段的解释变量。第一阶段的回归结果显示，同年度同行业龙头企业的实施行为与样本公司股权激励的实施行为显著正相关。第二阶段的回归结果显示股权激励与企业绩效在 1% 的水平上显著为正，动态效应回归结果也基本上与上文保持了一致。

为了进一步减轻遗漏变量的影响，本研究在模型中考虑了高管任期和公司治理的影响。首先，在职业生涯初期的高管更倾向于从事研发投资等有利于企业长期发展的长期投资行为，因此企业的长期绩效可能更优。同时，有研究发现企业也更倾向于授予处于职业生涯早期的管理层股权激励。如表 3.7 所示，高管任期（Tenure）对企业绩效的影响为负但并未通过显著性检验，此外，当加入高管任期这一变量后，股权激励的动态效用依然存在，说明本研究的研究结论没有受到遗漏高管任期变量的影响。此外，公司治理也可能同时影响股权激励的授予行为和企业绩效。公司治理越好的企业，实施股权激励的倾向可能越高，同时很多研究也发现了公司治理与企业绩效之间存在正相关关系。为此，本研究在原有模型的基础上进一步加入了公司治理变量重新回归。由于上文的模型中已经有大股东持股比例、股权集中度和股权制衡度等衡量股东治理的指标，以及高管薪酬和高管持股等衡量高管治理的指标，因此我们主要加入了衡量董事会治理的指标。具体而言，我们借鉴冯慧群(2016)的研究，通过主成分分析法将董事会规模、独立董事占比、两职合一设置情况、董事会持股以及董事会会议次数等 5 个最重要的可量化因素拟合成董事会治理综合指标来衡量董事会的治理水平。实证结果如表 3.7 所示，添加了董事会治理变量（BG）后，本研究重新进行了实证检验，其结果也无实质差异，说明研究结论没有受到遗漏公司治理变量的影响。

表 3.7　内生性检验

变量	Incentive	ROA	ROA	ROA	ROA
Predict_Incentive		0.007*** (2.58)			
LT_Incentive	0.342*** (3.24)				
Incentive					
Incen_year$_1$			0.004(1.4)	0.004(1.11)	0.003(0.79)
Incen_year$_2$			0.006** (2.3)	0.005*** (2.78)	0.006** (2.31)
Incen_year$_3$			0.013*** (3.1)	0.012*** (3.42)	0.014*** (3.31)
Incen_year$_4$			0.009** (2.12)	0.007** (2.36)	0.005* (2.10)
Incen_year$_5$			0.003(0.5)	0.003(0.52)	0.002(0.49)
Incen_year$_6$			0.006(1.03)	0.006(1.08)	0.006(1.01)
Tenure				−0.034(−0.76)	
BG					0.065** (2.35)
Lgroe	2.452*** (4.65)	0.065** (2.12)	0.063** (2.07)	0.046** (2.02)	0.042** (2.06)
Lnasset	0.161** (2.16)	0.008(1.23)	0.007(1.19)	0.010(1.59)	0.008(1.23)
Lev	−1.013*** (−3.31)	−0.099*** (−6.75)	−0.099*** (−6.82)	−0.103*** (−7.44)	−0.099*** (−6.95)
Cashflow	0.045** (2.42)	0.114*** (6.06)	0.114*** (6.07)	0.111*** (5.80)	0.111*** (6.07)
Lnpay	0.631*** (6.78)	0.0236*** (5.81)	0.024*** (5.79)	0.023*** (5.52)	0.023*** (5.80)
Msr	0.564*** (3.76)	0.020 (1.53)	0.019 (1.54)	0.018 (1.35)	0.017 (1.41)
Topone	0.042(0.20)	0.071** (1.97)	0.069* (1.95)	0.080(1.35)	0.071** (2.03)
HHI5	0.564(1.23)	0.001(0.05)	0.003(0.14)	0.005(0.22)	0.003(0.15)
Dual	0.041(1.43)	0.002(0.51)	0.002(0.51)	0.001(0.31)	—
Board	0.074** (1.99)	0.003* (1.91)	0.003* (1.87)	0.003* (1.95)	—
Indboard	2.376** (2.47)	−0.027(−0.72)	−0.026(−0.7)	−0.030(−0.78)	—
State	−1.874*** (−16.73)	−0.009 (−0.89)	−0.011 (−0.93)	−0.016* (−1.65)	−0.010 (−0.94)
Cons	−0.432*** (−3.86)	−0.422*** (−3.21)	−0.418*** (−3.17)	−0.456*** (−3.53)	−0.415*** (−3.16)
N	3 790	3 790	3 790	3 790	3 790
R^2	0.2472	0.2708	0.2692	0.2554	0.2706

注:括号内为 T 值;***、**、* 分别表示 1%、5%、10% 的显著性水平。

4.稳健性检验

为了进一步保证研究结论的可靠性,我们还采用 Tobin's Q 作为股权激励效应的又一个操作变量进行稳健型检验,所得结果与本研究结论基本保持一致,表明本研究的研究结论是可靠的,结果如表 3.8 和表 3.9 所示。此外,本研究采用的是 1∶1 的最近邻匹配方法,为了减轻匹配口径对实证结果的影响,我们还采用了 1∶2 的标准重新对样本进行筛选,重复上文模型的实证分析,所得结果与本研究结论基本保持了一致。此外,由于匹配变量维度过多可能会给配对结果带来误差,本研究删除 Dual、Hitech 和 Topone 等几个匹配变量后再进行倾向得分匹配,结果也印证了前文估计结果的稳健性,限于篇幅,本研究省略了该部分的稳健性检验结果。

表 3.8　稳健性检验:PSM 下股权激励对企业绩效的动态影响

研究期间	匹配方法	激励组	控制组	ATT	标准误	T 值
T 到 $T+6$	最近邻匹配	2.1412	1.9624	0.1788	0.0508	3.52***
	半径匹配	2.1371	1.9546	0.1825	0.0393	4.64***
	核匹配	2.1437	1.9512	0.1925	0.0378	5.09***
$T-1$	最近邻匹配	2.0194	1.9992	0.0203	0.0751	0.27
	半径匹配	2.0096	1.9881	0.0216	0.0145	1.49
	核匹配	2.0100	1.9912	0.0188	0.0176	1.07
T	最近邻匹配	2.0503	2.0286	0.0217	0.0174	1.25
	半径匹配	2.0432	1.9947	0.0485	0.0466	1.04
	核匹配	2.0517	2.0251	0.0266	0.0160	1.66*
$T+1$	最近邻匹配	2.2667	2.2566	0.0101	0.0111	0.91
	半径匹配	2.2524	2.1768	0.0756	0.0700	1.08
	核匹配	2.2591	2.1946	0.0645	0.0603	1.07
$T+2$	最近邻匹配	2.2905	2.1522	0.1383	0.0665	2.08**
	半径匹配	2.3152	2.1666	0.1486	0.0691	2.15**
	核匹配	2.2905	2.1430	0.1475	0.0529	2.79***
$T+3$	最近邻匹配	2.3701	2.1581	0.2120	0.0794	2.67***
	半径匹配	2.3727	2.1670	0.2057	0.0643	3.2***
	核匹配	2.3573	2.1586	0.1988	0.0654	3.04***

续表

研究期间	匹配方法	激励组	控制组	ATT	标准误	T 值
T+4	最近邻匹配	2.2199	2.1127	0.1071	0.0576	1.86*
	半径匹配	2.2460	2.1446	0.1014	0.0510	1.99**
	核匹配	2.2199	2.1244	0.0954	0.0455	2.1**
T+5	最近邻匹配	1.9590	1.8952	0.0638	0.0369	1.73*
	半径匹配	1.9450	1.8854	0.0596	0.0395	1.51
	核匹配	1.9590	1.8790	0.0800	0.0615	1.3
T+6	最近邻匹配	1.8824	1.8680	0.0144	0.0401	0.36
	半径匹配	1.8688	1.8076	0.0612	0.2782	0.22
	核匹配	1.8824	1.7941	0.0883	0.9807	0.09

注:结果变量为 Tobin's Q 值;ATT 值服从 t 分布;***、**、* 分别表示 1%、5%、10% 的显著性水平;限于篇幅,本表只汇报了匹配后的实证结果。

表 3.9 稳健性检验:多元回归分析下股权激励对企业绩效的动态影响

变量	系数	T 值	系数	T 值
Incentive	0.300***	(4.00)		
Incen_year$_1$			0.122	(0.60)
Incen_year$_2$			0.275***	(5.22)
Incen_year$_3$			0.512***	(5.79)
Incen_year$_4$			0.281***	(3.67)
Incen_year$_5$			0.080	(1.11)
Incen_year$_6$			−0.030	(−0.25)
Lgroe	1.970***	(4.66)	1.837***	(4.44)
Lnasset	−0.639***	(−4.80)	−0.652***	(−4.94)
Lev	0.660**	(2.05)	0.602*	(1.88)
Cashflow	1.830***	(4.38)	1.806***	(4.35)
Lnpay3	0.105	(1.18)	0.104	(1.17)
Msr	−0.000***	(−5.42)	−0.000***	(−5.38)

续表

变量	系数	T 值	系数	T 值
Topone	−1.187	(−1.24)	−1.189	(−1.25)
HHI5	−1.065*	(−1.69)	−0.910	(−1.46)
Zindex	0.003	(0.61)	0.003	(0.56)
Dual	−0.092	(−1.07)	−0.091	(−1.05)
Board	0.057*	(1.77)	0.059*	(1.82)
Indboard	1.730**	(2.01)	1.818**	(2.13)
State	−0.071	(−0.42)	−0.117	(−0.68)
Cons	12.732***	(4.28)	12.854***	(4.37)
N	3 790		3 790	
R^2	0.380		0.387	
F	37.695		31.862	

注:被解释变量为 Tobin's Q 值,研究样本采用最近邻匹配法 1∶1 的配对标准进行了筛选,*** 、** 、* 分别表示 1%、5%、10% 的显著性水平。

3.5 进一步研究

3.5.1 股权激励的动态效应是否盈余管理的结果

与国外基于股票价格的股权激励方案不同,我国上市公司实施的是业绩型股权激励方案,即均以达到特定的业绩目标为行权条件。有研究指出,为达到行权条件规定的业绩指标,最终获得激励标的,最大化激励收益,股权激励的实施可能会诱发激励对象的盈余管理行为。如肖淑芳等(2013)认为,获得股权激励的高管可能存在进行盈余操纵进而增加短期收益的动机,作为内部人的高管也拥有利用信息优势进行盈余管理的能力。杨慧辉等(2012)研究发现我国上市公司股权激励会引发经理人自利的盈余操纵行为,发现披露日以及行权日之前经理人进行了向下的盈余管理,出售日前则进行了向上的盈余管理。徐娟娟等（2016）研究发现，股权激励与公司绩效呈显著的正相关关系，但剔除公司绩效中的盈余管理噪声后，未发现两者之间具有显著的正相关关系。

相反，还有一些研究认为，利用信息不对称调节利润、粉饰业绩的盈余管理是以牺牲企业长期利益为代价的一种短视的自利性行为（孙光国等，2015）。而股权激励作为缓解委托代理冲突的有效制度安排，可以在一定程度上提高高管与股东利益的一致程度，这种利益趋同效应能抑制高管的盈余管理动机，降低公司的盈余管理程度（Jensen 和 Meckling，1976）。此外，我国上市公司实施的虽然是基于业绩考核的股权激励制度，但加了行权期的限制，使高管在盈余操纵时需要平衡达到行权条件和提升短期股价的双重目的（刘宝华等，2016），因此，股权激励未必会诱发企业严重的盈余管理行为。Armstrong 等（2010）和 Gopalan 等（2010）等认为股权激励能够缓解代理问题，授予高管股权激励能够促使其更加注重企业的长期价值，减少盈余管理行为。他们的研究发现股权激励与企业盈余管理之间并不存在显著的正相关关系，相反，授予 CEO 的股权激励力度越大，企业信息操纵和盈余管理的强度越低。基于倾向评分匹配和双重差分法，国内学者张东旭等（2016）并没有发现股权激励会诱发更多的盈余管理行为，相反，实施股权激励计划的企业存在更少的盈余管理行为。

股权激励的实施是否会诱发企业的盈余管理行为？股权激励的动态效应是激励对象真实的价值创造还是盈余管理的结果？针对以上疑问，本研究进一步检验了股权激励与企业盈余管理之间的关系，并通过剔除公司绩效中包含的盈余管理噪音，在控制盈余管理程度后再次考察股权激励对企业绩效的动态影响，以探究股权激励在实际中是否发挥了真实的激励作用，抑或只是盈余管理的结果。

管理层进行盈余操纵最主要的途径包括应计项目盈余管理和真实活动盈余管理两类。其中，应计项目盈余管理指企业利用会计政策和估计变更对会计盈余进行调节，主要是通过调整应计项目在不同期间的分配达到影响当期会计利润的目的（孙光国等，2015）。鉴于修正的琼斯模型能更好地估计企业的应计盈余管理水平，本研究采用截面修正琼斯模型对样本进行分年度分行业回归来估算企业每年的操控性应计，以此作为应计盈余管理的度量变量。具体模型如下：

$$\frac{\text{TA}_t}{A_{t-1}} = \alpha_1 \left(\frac{1}{A_{t-1}}\right) + \alpha_2 \left(\frac{S_t}{A_{t-1}}\right) + \alpha_3 \left(\frac{\text{PPE}_t}{A_{t-1}}\right) + \varepsilon_t \tag{3.6}$$

$$\text{NDA}_t = \alpha_1 \left(\frac{1}{A_{t-1}}\right) + \alpha_2 \left(\frac{S_t - R_t}{A_{t-1}}\right) + \alpha_3 \left(\frac{\text{PPE}_t}{A_{t-1}}\right) \tag{3.7}$$

$$\text{DA}_t = \frac{\text{TA}_t}{A_{t-1}} - \text{NDA}_t \tag{3.8}$$

其中，TA 为应计总额，即剔除非经常性项目的净利润与经营活动现金流量净额的差额，A 为期末总资产；PPE 为期末固定资产总额；ΔS 为公司的营业收入增加额；NDA 为公司非操纵性应计利润与上一年期末总资产的比值；ΔR 为公司应收账款余额增加额；DA 为公司的操纵性应计利润与上一年期末总资产的比值，即企业的应计盈余管理水平，其值越大表明企业通过应计盈余管理做大企业利润的可能性就越大。

真实活动盈余管理是企业通过构造真实交易活动等更为隐蔽的方式达到调节盈余的目的，如降价促销和削减研发投资等行为（孙光国等，2015）。本研究参照 Roychowdhury（2006）的方法，采用异常经营活动现金流量（AbCFO）、异常生产成本（AbPROD）和异常酌量性费用（AbDISEXP）等三个指标来衡量企业的真实活动盈余管理。其中，异常经营现金净流量越低、异常酌量性费用越低、异常生产成本越高，企业的真实盈余管理程度就越高。首先需要计算出正常的经营活动现金流、正常的产品成本和正常的酌量性费用，模型如下所示。然后分行业分年度对下列三个模型进行回归，在其残差的基础上计算相应的真实盈余管理程度。

$$\text{CFO}_t = \alpha_0 + \alpha_1 \left(\frac{1}{A_{t-1}}\right) + \beta_1 \left(\frac{S_t}{A_{t-1}}\right) + \beta_2 \left(\frac{S_t}{A_{t-1}}\right) + \varepsilon_t \tag{3.9}$$

$$\text{PROD}_t = \alpha_0 + \alpha_1 \left(\frac{1}{A_{t-1}}\right) + \beta_1 \left(\frac{S_t}{A_{t-1}}\right) + \beta_2 \left(\frac{S_t}{A_{t-1}}\right) + \beta_3 \left(\frac{S_{t-1}}{A_{t-1}}\right) + \varepsilon_t \tag{3.10}$$

$$\text{DISEXP}_t = \alpha_0 + \alpha_1 \left(\frac{1}{A_{t-1}}\right) + \beta_1 \left(\frac{S_{t-1}}{A_{t-1}}\right) + \varepsilon_t \tag{3.11}$$

其中，CFO 为公司经营活动现金流量净额；S 为公司营业收入；ΔS 为公司的营业收入增加额；DISEXP 为酌量性费用；PROD 为公司的生产成本，等于产品成本与当年存货的变动额之和。考虑到企业可能同时使用这三种真实盈余管理手段，本研究参照 Roychowdhury（2006）和刘宝华等（2016）的做法，运用三项指标之和作为真实盈余管理的综合指标，以从总体上衡量企业的真实盈余管理程度，REM 指标的值越大，表明企业利用真实盈余管理做大利润的可能性就越大。由于真实盈余管理将导致较低的异常经营现金流量、较低的异常酌量性费用和较高的异常生产成本,因此构建如式(3.12)所示的真实盈余管理综合指标:

$$REM_t = AbPROD_t + (-1) \cdot AbCFO_t + (-1) \cdot AbDISEXP_t \qquad (3.12)$$

本研究采用倾向得分匹配法检验股权激励的实施与企业的这两类盈余管理活动之间的关系。从表 3.10 可以看出,在最近邻匹配、半径匹配和核匹配下,应计盈余管理 RM 的 ATT 值均不显著,表明股权激励实施组与对照组的应计盈余管理水平不存在显著差异,即股权激励的实施并不会显著地提高企业的应计项目盈余管理水平。此外,真实盈余管理以牺牲未来收益换取当期利润,会改变企业的现金流,对企业的破坏性很大,如果企业存在真实活动盈余管理,则意味着更低的异常现金流、更低的酌量性费用和更高的异常产品成本。从表 3.10 的实证结果可以看出,激励组的异常经营活动现金流和酌量性费用均显著高于控制组水平,异常生产成本和综合真实盈余管理水平均显著低于控制组水平,表明股权激励的实施不仅没有提高企业的真实盈余管理水平,反而显著降低了真实盈余管理程度,表明股权激励可以在一定程度上提高高管与股东利益诉求的一致程度,降低激励对象的短视化倾向,抑制其真实盈余管理行为。本研究得出了与 Fang 等(2015)和张东旭等(2016)一致的研究结论,均没有发现股权激励诱发了企业盈余管理行为;相反,股权激励还能有效抑制企业真实盈余管理的程度。

表 3.10　股权激励与盈余管理

结果变量	匹配方法	激励组	控制组	ATT	标准误	T 值
RM	匹配前	0.0246	0.0111	0.0135	0.0033	4.13***
	最近邻匹配	0.0246	0.0234	0.0012	0.0040	0.31
	半径匹配	0.0251	0.0240	0.0011	0.0037	0.29
	核匹配	0.0247	0.0236	0.0011	0.0036	0.31
AbPROD	匹配前	−0.0345	−0.0120	−0.0225	0.0045	−5.00***
	最近邻匹配	−0.0345	−0.0246	−0.0099	0.0056	−1.78*
	半径匹配	−0.0344	−0.0283	−0.0061	0.0035	−1.77*
	核匹配	−0.0345	−0.0269	−0.0075	0.0042	−1.81*

续表

结果变量	匹配方法	激励组	控制组	ATT	标准误	T 值
AbCFO	匹配前	0.0162	0.0001	0.0161	0.0034	4.81***
	最近邻匹配	0.0162	0.0081	0.0081	0.0042	1.92*
	半径匹配	0.0154	0.0086	0.0067	0.0039	1.72*
	核匹配	0.0162	0.0086	0.0076	0.0038	2.02**
AbDISEXP	匹配前	0.0275	−0.0039	0.0314	0.0023	13.54***
	最近邻匹配	0.0275	0.0044	0.0231	0.0035	6.62***
	半径匹配	0.0245	0.0057	0.0188	0.0033	5.79***
	核匹配	0.0270	0.0066	0.0204	0.0032	6.39***
REM	匹配前	−0.0865	−0.0109	−0.0756	0.0071	−10.71***
	最近邻匹配	−0.0865	−0.0381	−0.0484	0.0095	−5.08***
	半径匹配	−0.0823	−0.0447	−0.0376	0.0089	−4.21***
	核匹配	−0.0859	−0.0450	−0.0409	0.0086	−4.75***

注：***、**、* 分别表示 T 检验 1%、5%、10%的显著性水平。

进一步地，参考陈艳艳（2012）和徐娟娟等（2016）的研究，我们还分别将剔除应计盈余管理和真实盈余管理后的总资产收益率作为被解释变量放入模型（3.4）和（3.5）重新进行了多元回归分析，结果如表 3.11 所示。就股权激励的平均激励效应而言，与剔除前相比，剔除应计盈余管理后股权激励系数的绝对值有小幅下降，但系数依然在 1%的水平上显著为正，在剔除真实盈余管理后，股权激励系数的绝对值还高于了剔除之前的系数水平，表明剔除公司绩效中盈余管理噪音后，股权激励整体上与企业绩效之间仍然存在显著的正相关关系。就动态效应而言，股权激励实施后的第二年至第四年依然对经盈余管理调整后的总资产收益率具有显著影响，且回归系数均在实施后的第三年达到了最大值，股权激励效应的持续性和时间分布上的动态分布特征与本章上文的研究保持了一致。可见，在剔除总资产收益率中包含的两类盈余管理噪音后，股权激励对企业绩效的整体和动态提升效应均未明显减弱，说明股权激励制度确实存在动态效应，是公司真实的价值创造，而不是激励对象进行盈余管理的结果。

表 3.11　剔除盈余管理后股权激励对企业绩效的动态影响

变量	经 RM 调整后的 ROA		经 REM 调整后的 ROA	
Incentive	0.005 **		0.011 ***	
	(2.07)		(2.84)	
Incen_year$_1$		0.002		0.006
		(0.72)		(1.12)
Incen_year$_2$		0.004 *		0.008 **
		(1.92)		(2.38)
Incen_year$_3$		0.012 ***		0.015 ***
		(3.02)		(3.50)
Incen_year$_4$		0.005 **		0.008 **
		(2.18)		(2.24)
Incen_year$_5$		0.003		0.006
		(0.87)		(0.58)
Incen_year6		−0.001		−0.004
		(−0.09)		(−0.18)
Lgroe	0.007 *	0.007 *	0.009 **	0.009 **
	(1.89)	(1.88)	(2.06)	(2.05)
Lnasset	0.009 *	0.009 *	0.020	0.021
	(1.67)	(1.65)	(1.26)	(1.28)
Lev	−0.020 **	−0.021 **	−0.245 ***	−0.243 ***
	(−2.30)	(−2.35)	(−5.58)	(−5.55)
Cashflow	1.046 ***	1.047 ***	1.401 ***	1.400 ***
	(47.29)	(47.29)	(21.98)	(21.85)
Lnpay3	0.021 **	0.021 **	0.045 ***	0.045 ***
	(2.18)	(2.13)	(4.21)	(4.20)
Msr	−0.000	−0.000	−0.000	−0.000
	(−0.12)	(−0.14)	(−1.58)	(−1.54)
Topone	−0.003	−0.002	0.118	0.118
	(−0.10)	(−0.07)	(0.86)	(0.86)
HHI5	−0.019	−0.022	−0.070	−0.072
	(−0.73)	(−0.85)	(−0.68)	(−0.70)
Zindex	−0.000 **	−0.000 **	−0.001 *	−0.001 *
	(−2.51)	(−2.54)	(−1.71)	(−1.74)
Dual	−0.004	−0.004	0.001	0.001
	(−0.92)	(−0.92)	(0.06)	(0.08)

续表

变量	经 RM 调整后的 ROA		经 REM 调整后的 ROA	
Board	0.001	0.001	0.002	0.002
	(0.42)	(0.41)	(0.44)	(0.44)
Indboard	−0.062*	−0.062*	−0.123	−0.120
	(−1.90)	(−1.92)	(−1.25)	(−1.22)
State	−0.004	−0.004	−0.036	−0.038
	(−0.53)	(−0.48)	(−1.49)	(−1.57)
Cons	−0.177	−0.184	−0.902**	−0.911**
	(−1.47)	(−1.51)	(−2.31)	(−2.33)
N	3790	3790	3790	3790
R^2	0.646	0.646	0.316	0.316
F	133.467	111.265	31.447	26.639

注：***、**、* 分别表示 T 检验 1%、5%、10%的显著性水平。

3.5.2 股权激励通过何种机制驱动企业绩效的动态增长

上文证实了股权激励对企业绩效具有动态影响，那么股权激励到底是通过何种潜在机制驱动了实施企业绩效的动态增长呢？

如前所述，股权激励赋予了激励对象剩余索取权，能缓解经理层和股东之间的委托代理冲突，产生利益协同效应。此外，股权激励改善了经理人的薪酬结构，使高管的风险投资行为能够获得风险回报，存在风险承担效应。最后，股权激励还有"金手铐"效应，能够吸引和留住人才、稳定经营团队，有利于企业的持续经营和稳定发展。因此，我们认为利益协同效应、风险承担效应和金手铐效应可能是股权激励驱动企业绩效动态增长的三个潜在机制。其中，经营者与股东的利益趋同意味着委托代理冲突的缓解，本研究采用第一类代理成本来衡量利益协同效应，具体采用管理费用率来衡量，值越低表明企业的代理成本越低，股权激励的利益协同效应越强。企业的风险承担水平是企业决策制定者承担风险意愿和倾向的集中体现，能体现股权激励的风险承担效应。本研究采用企业的业绩波动程度（近三年 ROA 的标准差）来衡量风险承担效应。最后，参照宗文龙等（2013）的做法，本研究用高管变更情况来衡量股权激励的金手铐效应，若样本期间内公司的董事长或总经理发生变更，则 Turnover＝1，否则为 0。为了减轻强制性变更的影响，本研究剔除了由于退休、涉案、控制权变动、任期届满、结束代理等导致变更的样本。

本研究首先采用 PSM 来检验股权激励效应的三类驱动机制。表 3.12 中最近邻匹配的结果显示，激励组管理费用率均值为 0.085，ATT 值为 －0.007，且在 1％的水平上显著，股权激励的实施使企业的代理成本降低了 7.7％，说明股权激励能有效缓解股东和经营者之间的代理冲突，存在明显的利益协同效应。此外，激励组的风险承担均值为 0.033，控制组均值为0.024，

表 3.12　PSM 下股权激励利益协同、风险承担和金手铐效应的初步检验

变量	匹配方法	全样本			
		激励组	控制组	ATT	T 值
Charge-Ratio	最近邻匹配	0.085	0.091	－0.007	－3.21***
	半径匹配	0.085	0.090	－0.006	－3.33***
	核匹配	0.083	0.090	－0.007	－3.79***
Risk-Taking	最近邻匹配	0.033	0.024	0.008	4.08***
	半径匹配	0.033	0.024	0.009	3.82***
	核匹配	0.032	0.023	0.009	4.56***
Execu-Turnover	最近邻匹配	0.146	0.204	－0.057	－3.37***
	半径匹配	0.148	0.193	－0.046	－3.05***
	核匹配	0.148	0.192	－0.044	－3.03***

注：***、**、* 分别表示 T 检验 1％、5％、10％的显著性水平。

ATT 显著为正，股权激励使企业的风险承担水平提高了 33.3％，表明股权激励能提高激励对象的风险承担水平，存在风险承担效应。最后，激励组高管变更均值为 0.146，控制组为 0.204，ATT 为－0.056，股权激励使高管变更概率降低了 27.5％，表明股权激励的实施降低了高管离职的概率，有利于核心经营团队的稳定，发挥了预期的金手铐效应。其他两种匹配方法下的 ATT 值也均在 1％的水平下显著。

为了保证研究结论的稳健性，我们还进一步采用多元回归的方法对上述驱动机制进行了回归分析。回归结果如表 3.13 所示，股权激励对管理费用率的影响显著为负，表明股权激励能有效降低股东和经营者之间的代理

冲突,存在明显的利益协同效应。此外,我们发现股权激励对企业业绩波动程度的回归系数均显著为正,表明股权激励能提高激励对象的风险承担水平,存在风险承担效应。最后,我们发现股权激励对高管变更的影响显著为负,表明股权激励的实施降低了高管离职的概率,有利于核心经营团队的稳定,发挥了预期的金手铐效应。基于上述实证结果,我们发现股权激励可能是通过利益协同效应、风险承担效应和金手铐效应这三种可能的内在渠道推动企业绩效的动态增长。

表 3.13　多元回归下股权激励的利益协同、风险承担和金手铐效应的进一步检验

变量	Charge-Ratio	Risk-Taking	Exe-Turnover
Incentive	-0.029^{***} (-3.17)	0.007^{***} (2.62)	-0.094^{***} (-3.78)
Lgroe	$-0.001(-0.23)$	0.004^{***} (3.37)	-0.076^{***} (-4.23)
Lnasset	-0.023^{***} (-6.34)	-0.006^{***} (-7.45)	$-0.013(-1.34)$
Lev	-0.009^{*} (1.79)	0.011^{***} (3.95)	0.004^{**} (2.06)
Cashflow	-0.008^{***} (-5.78)	$-0.003(-0.45)$	-0.003^{*} (-1.86)
Lnpay	0.023^{***} (7.53)	$0.001(0.68)$	$0.005(0.85)$
Topone	-0.005^{***} (-4.21)	-0.006^{***} (-2.95)	$0.000(0.04)$
Zindex	$0.001(1.04)$	$0.004(0.82)$	0.034^{*} (1.79)
Indboard	-0.007^{*} (-1.95)	0.009^{**} (2.12)	-0.010^{**} (-1.96)
State	0.002^{**} (2.21)	$-0.003(-0.46)$	0.0547^{***} (5.03)
Age	0.018^{***} (5.23)	$-0.005(-1.23)$	-0.028^{***} $(-3.76))$
Cons	0.104^{***} (4.78)	0.163^{***} (8.34)	-0.046^{**} (-2.16)
N	3 790	3 790	2 984
R^2	0.2357	0.1865	0.1973

注:$***$ 、$**$ 、$*$ 分别表示 T 检验 1%、5%、10%的显著性水平。

3.6　发现与讨论

本章基于长期的研究视角,结合倾向得分匹配与多元回归分析,就股权激励对企业绩效的动态影响进行了系统的检验。研究发现:股权激励不仅整体上存在激励效应,在长期的评估框架下还表现出了动态的激励作用。具体而言,股权激励在实施的第一年没能产生立竿见影的效果,但经过一年的滞后期后,在实施后的第二至第四年表现出了长达三年的持续绩效提升

作用,且在时间分布上呈现出了先升后降的倒"U"形特征,在实施后的第三年达到了最佳的激励效果。进一步的研究考察了股权激励的实施与企业两类盈余管理活动之间的关系,发现股权激励实施组与未实施组之间的应计盈余管理水平没有显著差异,激励组的真实盈余管理还显著低于未实施组的水平,且剔除了公司绩效中的两类盈余管理噪音后,股权激励对企业绩效的动态影响依旧显著存在,表明股权激励的动态效应是企业真实的业绩提升,而不是激励对象通过盈余管理的结果。最后,本研究还发现股权激励是通过利益协同效应、风险承担效应和金手铐效应三个可能的渠道驱动企业绩效动态增长的。

　　本章研究为全面评估我国股权激励制度的实施效果,揭开股权激励与企业绩效之间关系的"黑箱"提供了新的研究视角和经验证据,也为改善上市公司股权激励的实施效果提供了有益启示。首先,我们发现股权激励对企业绩效的影响不是一时性的,而是具有明显的动态性,说明整体而言,股权激励是能促进企业绩效持续增长的长效激励机制,而不是高管的短期福利工具或套现造福的手段,肯定了我国股权激励制度的实施效果。因此,在我国上市公司完善法人治理机制的过程中,尤其是在混合所有制的改革进程中,应进一步推广股权激励制度,以充分发挥该项治理机制的积极作用。其次,为充分发挥这一长期治理机制的动态效应,企业在股权激励的设计、授予、实施和评估等各个环节,都应该严格遵循长期导向的基本原则,以公司的长远发展和绩效的持续提升为根本目标,对激励对象进行持续、动态的业绩考核。最后,我们发现股权激励效应并非是平滑稳定的,而是随着时间的推移,存在先升后降的倒"U"形特征,且在实施后的第三年对企业绩效的提升作用最大,这说明股权激励的实施并不是一劳永逸的,而是一个连续性、循环性和持续性的系统工程,为尽可能地减轻股权激励的滞后和渐弱效应,使激励效应尽量保持在较高水平,企业不能把股权激励的授予看作"一锤子买卖",而应该根据企业的发展需要按照一定的节奏滚动实施、持续优化和动态调整。

第4章

契约条款设置与股权激励的
动态效应

4.1 引 言

上一章在长期的视角下考察了股权激励对企业绩效影响的持续性及其绩效提升作用在时间上的动态分布问题,得出了股权激励存在显著动态效应的研究结论。然而上一章仅简单地选用企业是否实施股权激励的虚拟变量来衡量现实中复杂的股权激励方案,这种将股权激励作为一个整体研究单元,对激励合约不加细化的考察思路显然忽视或低估了微观层面不同契约条款设置的异质性影响,难以揭示股权激励对企业绩效影响过程中的微观作用路径和影响机制。

根据契约理论的观点,所有的制度安排都是一种契约关系,契约选择影响制度安排的执行结果,而契约条款作为构成契约的基本要素,是经济分析的基本单元。闫妍和刘宜(2016)指出,在信息不对称的情况下,设计最优的契约安排,缓解当事人的道德风险和逆向选择,最终提高契约的执行效果,是契约理论的核心关切。因此,契约中最为核心的内容在于不同契约条款的合理选择和优化组合。

作为一个复杂、多维度的契约综合体,股权激励方案由众多相互联系、协同作用的契约条款组合而成,股权激励计划能否真正激励经营者努力工作,提高企业绩效和价值,关键取决于激励方案中关键契约条款安排的合理性(沈红波等,2010;Gao 等,2014;陈文强和贾生华,2015)。此外,契约的订

立是高管激励的关键环节,契约条款的设置能一定程度上反映出股权激励
合约的授予动机,一份设计得当的激励合约能对管理层进行有效的激励和
约束;相反,如果契约设计不合理,条款设置过于松散,激励可能被异化,产
生新的代理问题(黄虹等,2014),甚至沦为大股东实施隧道行为过程中贿赂
高管的一种合法性"赎买工具"(陈效东等,2016)。刘浩和孙铮(2009)指出
直接研究股权激励与公司绩效之间的关系往往是不够的,对于股权激励的
研究,还需要从契约本身入手,详细探讨契约要素选择、条款设计等关键环
节的作用。徐宁和徐向艺(2010)也指出将股权激励看作一个整体进行实证
研究的思路忽视了股权激励契约结构的细节因素及其对企业的作用过程,
使实证研究效度受到质疑。因此,作为一种激励契约,股权激励计划本身并
不是具有普适性治理效应的"灵丹妙药",关键契约条款设置的科学性和合
理性才是影响其动态激励效应的关键所在。

　　此外,证监会于 2016 年 7 月 13 日发布了《上市公司股权激励管理办
法》(简称"《管理办法》"),这是自 2006 年发布《管理办法(试行)》以来,我国
对股权激励管理规范的首次系统修订。《管理办法》落实了"宽进严管"的监
管转型理念,大大增强了企业在股权激励方案制定实施过程中的自主决策
权(巩娜,2016),标志着我国上市公司股权激励即将进入一个市场导向明
确、设计逐步自主的崭新阶段。但是一个不可忽视的现实问题是,在已公告
的激励计划中,部分方案具有激励期限短、行权价格低及行权条件容易实现
等非激励性特征,伊利股份等相关案例研究也表明一些企业的股权激励更
多地体现出"福利效应"。结合当前我国公司治理状况和市场监管环境,在
赋予上市公司较大自由决策空间后,若不能设计出科学合理的激励契约,股
权激励将难以发挥治理作用,甚至可能沦为向高管输送利益的工具,违背股
权激励制度推行的初衷,严重制约我国激励制度的改革和发展。因此,从微
观契约条款设置的角度考察股权激励效应的潜在影响机制,审视契约条款
设置的合理适用性,还具有十分重要的现实意义。

　　基于上述分析,本章结合代理理论与契约理论的基本观点,将研究的重
点转向微观层面,将股权激励合约进行了分解和细化,以激励模式、激励力
度、激励对象、激励条件和激励期限等关键契约条款的设置为研究对象,探
讨关键契约条款的设置和安排对股权激励效应的影响机制与作用效果,以
期从微观的契约条款设置层面打开股权激励与企业绩效之间关系的"黑箱",
为股权激励的进一步研究和上市公司股权激励实施效果的改善提供参考。

4.2 研究假设

在信息不对称和投资者保护机制不完善的情况下,合理的契约设置和安排能一定程度上缓解股东和经理层之间的代理冲突,有效维护股东权益,达到激励和约束激励对象的目的。作为构成股权激励合约的基本要素,关键契约条款的设置是影响其发挥激励作用的关键,只有科学、合理且严格的股权激励方案才是提升企业绩效的最优契约,而宽松、形式化的激励方案可能是高管寻租的工具。近年来,学者们开始关注契约设置对股权激励效应的影响,但对契约要素缺乏系统的划分和归类,仅有的文献也只是零星、分离地针对某一方面的契约安排展开,鲜有将主要契约条款纳入一个统一的分析框架,呈现股权激励契约全貌的研究。此外,囿于数据期限和计量方法,相关文献也仅在短期的研究框架下探讨个别契约要素对股权激励效应的短期或平均意义上的影响,关于契约条款对股权激励动态效应的影响尚缺乏相关的经验证据。

本研究认为,最优的激励契约既能与企业的基本特质相匹配,又能实现激励与约束激励对象的作用,应能体现适应性、激励性和约束性三个方面特征。其中,适应性是前提,激励性和约束性是基本保障,只有兼具激励和约束的契约才能实现持续、动态的激励效果。借鉴徐宁(2011)和黄虹等(2014)的做法,结合我国上市公司股权激励方案的特点,本研究遵循重要性和可行性原则,选择激励模式、激励力度、激励对象、激励条件和激励期限五大契约要素作为研究对象,依据各要素的特征和作用将其分为适应性、激励性和约束型三大类契约条款。① 其中,激励模式属于适应性条款,主要包括股票期权和限制性股票,指根据公司的行业特性、治理结构和发展阶段,企业所选择的激励模式应与企业的异质性特征相匹配。激励力度和激励对象属于激励性条款,指在兼顾效率和公平的原则下确定的激励标的物数量和

---

① 《管理办法(试行)》规定,股权激励的基准行权价格不应低于计划草案摘要公布前1个交易日公司标的股票的收盘价和前30个交易日内公司标的股票平均收盘价的较高者,而绝大多数激励方案的行权价格恰好选择了规定的基准价,导致行权价格条款之间的区分度不高,为此本研究未将此条款纳入探讨范围。

激励对象人数,一般而言,激励力度越大、激励人数越多,激励合约的激励性越强。约束性条款包括激励条件和激励期限两大契约要素,指通过设置业绩指标和有效期来约束经营者行为,抑制或降低管理层进行权力薪酬寻租的动机和能力,是股权激励实现"金手铐"效用的重要保障,一般而言,激励条件越严格,激励期限越长,激励方案的约束性越强。

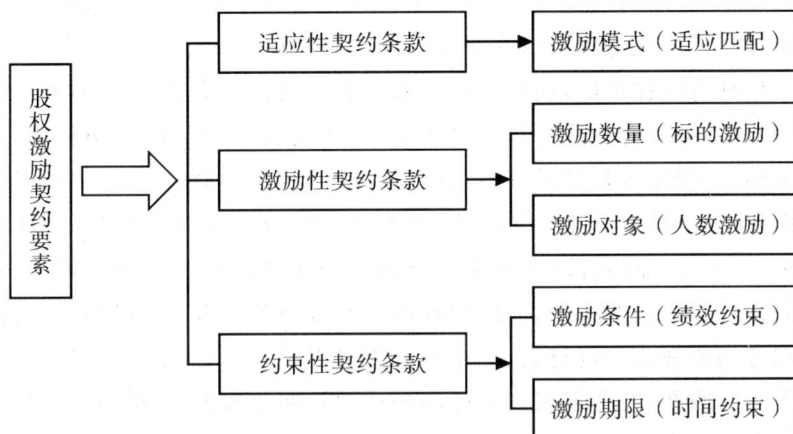

图 4.1 股权激励的关键契约条款

4.2.1 适应性条款与股权激励的动态效应

作为适应性条款,激励模式是股权激励合约中最关键的契约要素,是设计激励方案时首先需要考虑的问题(刘浩和孙铮,2009;黄虹等,2014)。股票期权和限制性股票是我国上市公司最常见的两种激励模式,两者在风险承担和收益补偿机制、权利与义务的对称性等方面都存在本质的区别(肖淑芳等,2016)。其中,限制性股票在服务期限和业绩要求上对激励对象具有较强的约束,在留住人才方面更有优势,更适用于收益和盈利增长水平比较稳定的传统成熟型行业。股票期权更适用于处于成长期或扩张期的企业,激励对象行权后的潜在收益更大,但激励效果更容易受到行业周期和股市变动的影响。

就绩效提升方面,目前多数研究都认为股票期权是更优的激励模式,具有更长期、更持久的激励效果(Lim,2014)。首先,与限制性股票不同,股票期权具有收益和损失的非对称性,持有人享有行权的权利但不承担必须行权的义务,因此管理者不需承担投资行为的下行风险,而能享受投资所带来的收益,可以锁定管理者的风险,更有利于激励对象承担风险(李曜,2009;Low,2009);其次,限制性股票的线性支付结构使风险厌恶的高管为了避免个人财富缩水而做出过于保守的决策,缺乏一个推动公司股价上涨的实质性作用机制,而股票期权具有凸性支付结构,可以产生更高的杠杆激励作用,随着股票价格的增加,对管理者的风险补偿增多,能在一定程度上克服经理人过度风险规避而导致的投资不足问题(Lambert,2006);再次,限制性股票只具有内在价值,而股票期权除了具有内在价值之外,还具有时间价值,因此股票期权对激励对象自身更有利,更能提高其风险承担行为,促进其从事创新、研发等长期投资行为(刘井建等,2017);最后,股票期权是一个看涨期权,其价值取决于未来股价的变动情况,短期业绩很难左右(Hall和Murphy,2003),能将管理者薪酬与公司长期业绩联系起来,鼓励管理者更多地关注公司的长期发展,而限制性股票的激励条件多为业绩目标,可能导致管理者的短视化经营行为,使企业长期利益受损。Lian等(2010)认为相较于限制性股票,股票期权对于提高公司的长期业绩表现、提高高管留任率和缓解资金约束方式更加有效,能更显著地减少代理成本,是更有效的激励模式。Wu(2011)运用修正后的代理模型,发现最优的高管激励合约应该包含股票期权,而不是限制性股票。为此,提出本章的第一个假设:

> 假设4.1:适应性条款会影响股权激励效应,相较于限制性股票,股票期权的动态效应更好。

4.2.2 激励性条款与股权激励的动态效应

股权激励的激励型契约条款包括激励力度和激励对象两大契约要素。激励力度的高低反映了授予激励对象激励标的物的多少,更多数量的股权激励使得高管按照股东利益行事的边际收益更大,也使高管收入与公司业绩之间的关系更为紧密,进而提高激励对象努力工作的程度和资源利用的效率(刘井建等,2017)。根据激励理论,当激励对象得到的收益达到或超过其期望水平时,就可以发挥激励效用。如果授予的数量过少,公司业绩的提高对经理股权收入的影响程度很小,股权激励计划可能起不到激励作用,但如果授予的数量过多,可能会造成过度激励,加剧"内部人控制"问题。我国规范的股权激励制度实施时间不长,且《管理办法》对授予数量有严格的上限规定[①],上市公司股权激励的力度普遍较低,过度激励的问题并不明显,管理层暂时难以通过股权激励获取控制权私有收益。范合君和初梓豪(2013)认为,股权激励计划中高管持有股票期权价值占其总薪酬比率偏低,可能导致股权激励计划对高管失去吸引力,难以起到激励高管努力工作的效用。潘颖(2009)的研究也发现公司业绩与股权激励比率呈明显正相关关系,激励强度越大,公司业绩越好。李勇军(2015)认为,管理层股权激励水平越高,管理层行权后获得的股权收益也越高,其与股东的利益越趋于一致,越有动力提升公司价值。基于目前我国股权激励的实施现状,本研究认为股权激励计划的激励力度越大,越能促使激励对象努力工作,激励计划的动态效应越显著。

激励对象是决定股权激励契约能否达到预期效果的重要因素,激励对象选择的不合理会造成财富分配不公,甚至可能会引发更加严重的社会问题(黄虹等,2014)。丁汉鹏(2001)根据公司核心价值分享原理,认为股权激励应该授予对公司核心价值贡献最多的人员。伍春来等(2009)认为股权激励的实施对象应当限于企业的高管,用于激励的股权数量必须以股权激励的受惠对象所创造的超额利润占总利润的份额为基础。黄群慧等(2014)认为"人人都持股"的平均主义容易造成"大锅饭"和"搭便车"的现象,不能形成有效激励。而 Oyer 和 Schaefer(2005)认为,更多的公司应该对所有的员工授予股票期权,因为股票期权计划可以为员工提供激励,也可以对员工进行分类以及留住员工。Zattoni 和 Minichilli(2009)则认为股权激励的实施效果主要受到激励人数的影响,激励对象的不同并没有明显的差别。本研究认为,公司日常经营中大部分的重大决策均由管理层制定,相对其他员工,管理层工作积极性对公司价值的影响更大,但激励对象不能仅限于CEO 等少数高管,因为过小的激励范围容易造成组织内部的分配不公,产生负面的激励效应。此外,中国人普遍存在"不患寡而患不均"的价值观念,高管团队内部公平、和谐的氛围对激励制度的有效性也有着重要的影响,因此股权激励的激励范围不应仅仅集中于少数高级管理者,为公司的发展提

---

① 《管理办法(试行)》规定,上市公司全部有效的股权激励计划所涉及的标的股票总数累计不得超过公司股本总额的 10%,任何一名激励对象通过全部有效的股权激励计划获授的本公司股票累计不得超过公司股本总额的 1%。

供关键性资源或承担公司重大风险的其他高层管理者也应成为激励对象。

基于上述分析,提出本章的第二个研究假设:

> 假设 4.2:激励性条款会影响股权激励效应,激励力度越大,激励人数越多,股权激励的动态效应越好。

4.2.3 约束性条款与股权激励的动态效应

我国股权激励计划的约束性主要体现在业绩约束和时间约束两方面。其中,激励条件指在授予或行使环节为激励对象设置的绩效考核指标,可以把考核结果与激励对象的授予或行权资格紧密挂钩,是激励有效性的关键。激励条件条款的设置可以增加激励对象的行权难度,一般来说,激励条件设置越严格,行权的难度越大,为获得行权资格,激励对象越需要努力工作。反之,如果绩效考核指标设置过于宽松、流于形式,则无法对激励对象的行权资格设置实质性门槛,高管往往无须付出太多努力便可获得激励标的,此时激励计划的激励作用会大幅降低,甚至成为高管谋求福利的工具(李勇军,2015)。尤其是我国实施的是基于业绩考核的股权激励,意味着经理人不仅要满足考核时间的要求,而且要达到事先设定的业绩考核标准才能够获得授权或行权,有利于避免经理人无功受禄,引导激励对象为了获得激励收益而努力工作(肖淑芳等,2013)。吕长江等(2009)认为激励条件是划分激励型和福利型股权激励草案的关键契约要素之一,并认为上市公司可以通过改善激励条件来增加激励效果。谢德仁和陈运森(2010)研究表明股权激励计划中的行权业绩指标相对同行业其他企业设置得越高,投资者的市场反应就越好。肖淑芳等(2013)研究发现股票期权方案中的主要行权业绩考核指标的标准偏低是导致激励方案缺乏激励性的主要原因。

激励期限是指股权激励契约的有效时间长度,体现了股权激励的长期导向属性,是影响股权激励动态效应的一项重要条款。若股权激励的约束时间过短,高管可能通过盈余管理或信息操纵等方式达到行权条件,因此激励期限设置过短容易引发激励对象的短期化行为,不利于公司长远发展,达不到长期激励的目的(付东,2013)。相反,激励期限越长,管理层掩盖其短期自利行为的难度越高,激励对象通过操纵股价等方式获得高额激励收益的可能性越小,提高企业长期运营效率的可能性越大(Zattoni 和

Minichilli,2009)。另外,股权激励计划的期限越长,激励对象的私人收益与公司价值的绑定期越长,则行权收益越可能被锁定在未来,激励对象越注重提升公司长期盈利能力,越关注公司业绩的持续增长。Bebchuk 和 Fried(2010)指出,将股权激励与企业长期价值相联系的途径是设计最优的时间框架,且应以较长的激励有效期为优。吕长江等(2009)指出,较长的激励有效期能显著地削弱激励对象操纵行权指标的能力,提高行权的门槛,此外,足够长的有效期使每期行权的数量大幅降低,也可降低高管通过操纵股价来集中获得高额收益的能力;相反,过短的有效期很可能使股权激励成为高管自谋福利、自发红包的寻租工具。Bhagat 和 Romano(2010)指出高管薪酬设计时应该体现创造股东价值的长期化原则,为降低激励对象的短视化问题,建议股权激励行权后到变现之间的时间间隔应至少为两年。

据此,提出文章的最后一个研究假设:

> 假设 4.3:约束性条款会影响股权激励效应,激励条件越严格,激励期限越长,股权激励的动态效应越好。

4.3　研究设计

4.3.1 变量定义

与上一章类似,本研究主要采用总资产收益率(ROA)这一会计业绩指标作为股权激励效应的代理变量,并用 Tobin's Q 这一市场业绩指标进行稳健性检验。本研究的解释变量为企业是否实施股权激励的二元虚拟变量,实施为 1,否则为 0。本研究选择的控制变量包括企业的前期绩效、资产规模、负债率、现金流、高管薪酬与持股比例、股权集中度与制衡度、两职合一、董事会规模、独立董事占比、控制权性质、年度和行业等。变量定义和计算方法如表 4.1 所示。

激励模式即股权激励的适应性条款,若授予的激励标是股票期权,则Mode 取值为 1,限制性股票则取值为 0。激励性条款包含激励力度和激励对象,激励力度用授予权益占总股本的比值衡量,若某公司的激励力度大于

行业中位数，则 Strength 为 1，否则为 0。激励对象的多少用股权激励授予
对象中高管人数占公司在册员工人数的比例衡量，该比例大于行业中位数，

表 4.1　变量名称与计算方法

变量类型	变量名称	变量符号	变量计算方法
被解释变量	企业绩效	ROA	净利润与期末总资产之比
		Tobin's Q	权益市场价值与负债面值之和与期末总资产账面价值之比
解释变量	股权激励	Incentive	实施股权激励为 1，否则为 0
控制变量	盈利能力	Adj_ROE	经年度行业均值调整后的净资产收益率
	公司规模	Lnasset	总资产的自然对数
	资产负债率	Lev	期末负债总额与资产总额之比
	现金流	Cashflow	经营活动现金流量净额与年末总资产的比值
	高管薪酬	Lnpay	管理层现金薪酬总额的自然对数
	高管持股	Msr	高管持有股数与总股本数之比
	第一大股东持股	Topone	第一大股东持股与总股份之比
	股权集中度	HHI5	公司前 5 位大股东持股比例之和
	股权制衡度	Zindex	公司第一大股东与第二大股东持股比例之比
	两职合一	Dual	董事长和总经理兼任为 1，否则为 0
	董事会规模	Board	董事会人数的自然对数
	独立董事	Indboard	独立董事人数与董事会人数之比
	产权性质	State	最终控制人为国有主体取值为 1，否则为 0
	行业效应	Industry	以证监会 2001 年的行业分类标准设置虚拟变量
	年度效应	Year	根据研究年度设置年度虚拟变量
调节变量	适应性条款	Mode	股票期权取值为 1，限制性股票取值为 0
	激励性条款	Objective	授予高管人数占比高于行业中位数为 1，否则为 0
		Strength	激励力度大于行业中位数取值为 1，否则为 0
	约束性条款	Condition	严格型激励条件取值为 1，否则为 0
		Length	激励期限大于 5 年取值为 1，否则为 0

则 Object 取值为 1,否则为 0。约束性条款包括激励条件与激励期限,结合吕长江等(2011)的方法,我们将行权条件中的绩效考核指标值与该公司前三年的相应指标值进行对比,如果行权条件指标值大于前三年的均值,则激励条件为严格型,Condition 赋值为 1,反之为宽松型,赋值为 0。吕长江等(2011)认为,当有效期超过 5 年时,股权激励合约具有明显的激励动机,为此,若激励有效期大于 5 年,我们将股权激励合约定义为长期型,Length 赋值为 1,否则为短期型,赋值为 0。

4.3.2 模型设定

本研究先参照 Rosenbaum 和 Rubin(1983)提出的倾向得分匹配法(PSM)对样本进行筛选,再基于匹配后的样本进行多元回归分析。

如上一章所述,PSM 能根据倾向得分值在多个维度上匹配出与实施股权激励企业最具有可比性的对照组企业。本研究采用式(4.1)的 Logit 模型对倾向得分匹配值进行估计:

$$PS(X_i) = P(X_i) = \Pr(D_i = 1 \mid X_i) = \frac{\exp(\beta X_i)}{1 + \exp(\beta X_i)} \tag{4.1}$$

其中,$PS(X_i)$ 为某公司实施股权激励的倾向得分;D 为表征企业是否实施股权激励的研究变量,若实施了股权激励为激励组,$D=1$,否则为控制组,$D=0$;X 为影响企业实施股权激励的相关因素,也叫匹配变量,与上一章相同,包括股权激励实施前一年的公司规模、资产负债率、盈利能力、高管薪酬、高管持股比例、两职合一、董事会规模、独立董事比例、第一大股东持股比例、股权集中度和制衡度、股权性质、行业和年度等已被证实对企业股权激励的实施有影响的变量,相关变量的定义和计算方法如上述表 4.1所示。

鉴于可供配对的未实施股权激励计划的公司数量远高于实施的公司数量,最近邻匹配的匹配数量和质量都能得到很好的保证,为此,在获得 PS值后,本章具体采用了最近邻匹配法,根据 1∶1 的标准从控制组中筛选出与激励组 PS 值最接近的企业作为对照组,以进行下一步的实证研究。

为考察关键契约条款设置对股权激励效应的影响,本研究用分组回归的方法对匹配后的样本进行多元回归分析。模型如下所示:

$$\text{Performance}_{it} = \beta_0 + \beta_1 \text{Incentive}_{it} + \beta_2 \text{Control}_{it} + \varepsilon_{it} \qquad (4.2)$$

$$\text{Performance}_{it} = \beta_0 + \sum_1^6 \beta_i \text{Incentive\_Year}_{it} + \beta_7 \text{Control}_{it} + \varepsilon_{it} \qquad (4.3)$$

模型(4.2)用于检验股权激励的整体激励效应,Performance 用 ROA 来衡量;Incentive 为企业是否实施股权激励的哑变量,实施为 1,否则为 0。模型(4.3)用于检验股权激励的动态效应,如前所述,$\sum_1^6 \beta_i \text{Incentive}_{\text{Year}_{it}}$ 为 Incentive 哑变量分解成的一组股权激励实施后的年份哑变量,估计系数 $\beta_i (i=1,2,\cdots,6)$ 分别刻画股权激励实施后第 i 年对企业绩效的影响。Control 为控制变量组,包括企业前期绩效、资产规模、负债率、现金流、高管薪酬与持股比例、股权集中度与制衡度、两职合一、董事会规模与独董比例、控制权性质、年度和行业等,相关变量的定义和计算方法如上列表 4.1 所示。

为考察适应性条款对股权激励动态效应的影响,我们将样本划分为股票期权与限制性股票两组,分别代入模型(4.2)和(4.3)进行回归,若两组样本的回归系数存在显著差异,则表明激励模式对企业绩效的动态效应具有显著影响。类似地,我们将股权激励合约分为激励力度大、激励力度小、激励对象多、激励对象少、激励条件严格、激励条件宽松、激励期限长、激励期限短等子样本分别进行回归,通过观察回归系数的组间差异来检验激励性条款和适应性条款的影响。

4.3.3 数据来源

本研究选取《管理办法(试行)》实施以来公布股权激励方案的非金融类公司为原始样本,剔除了尚未实施、延期实施和终止实施的方案,再剔除 ST 类和数据不全的公司,最终得到 510 个激励组样本。对于控制组样本,本研究选取相同期间的上市公司为初始样本,剔除了金融类、ST 类以及数据缺失和异常的公司,最终得到 1 384 家备选的匹配样本公司。为了消除极端值的影响,文章对所有连续变量按照 1% 的标准进行了缩尾处理。本研究数据来源于国泰安数据库和万得资讯金融终端系统,数据处理由 Stata 12.0 完成。

4.4　实证结果

4.4.1　描述性统计

表 4.2 汇报了 2006—2014 年上市公司成功实施的 510 份股权激励方案中关键契约条款的设置情况。可以看出,各类契约条款的标准差都较大,表明我国上市公司的股权激励契约并非同质性合约,不同企业激励计划的契约条款安排存在较大差异。就适应性条款而言,股票期权的数量较限制性股票略多,是上市公司选择最多的激励模式,约占研究样本的 55%[①]。就激励性条款而言,授予激励标的数量均在《管理办法(试行)》规定的上限范围内,平均约占公司总股本的 3.04%,但不同公司激励力度的差异较大,激励对象平均约占在册员工总数的 7.9%,其中占比最小的仅为 0.1%,而激励对象最多的公司占到了员工总数的 56.9%,在激励的广度上也存在较大的差异。就约束性条款而言,根据本研究的划分标准,约 54.8% 的激励方案的激励条件较为严格,45.2% 的激励条件较为宽松。另外一个约束性条款——激励期限的跨度较大,最短的仅为 1 年,最长为 10 年,均值仅为 4.66年,远低于英美上市公司股权激励合约的平均水平。

表 4.2　关键契约条款的描述性统计分析

条款类型	条款内容	变量名称	均值	标准差	最小值	中位数	最大值
适应性条款	激励模式	Mode	0.552	0.501	0	1	1
激励性条款	激励力度	Amount	0.0304	1.952	0.0009	0.0265	0.099
	激励对象	Object	0.079	0.776	0.001	0.061	0.569
约束性条款	激励条件	Condition	0.548	0.498	0	1	1
	激励期限	Length	4.656	1.075	1	5	10

---

① 2006—2008 年,股票期权占绝对主导地位;2009—2011,股票期权仍是主要激励方式,但限制性股票不断增多;2012 年至今限制性股票逐渐成为主要的激励方式。平均而言,股票期权的数量略多。

4.4.2 回归分析

1.适应性条款与股权激励的动态效应

为检验适应性条款的设置对股权激励与企业绩效关系的影响,我们根据激励模式的不同将样本总体分为限制性股票与股票期权两个子样本分别进行回归。从表 4.3 的结果可以看出,两种激励模式整体上都存在激励效应,但股票期权的回归系数略大于限制性股票的水平,表明股票期权的绩效提升作用总体上强于限制性股票。就动态效应而言,限制性股票在实施后的第一年至第三年都显著为正,且实施后前两年的回归系数都高于了股票期权组的水平,但从实施后的第四年开始,限制性股票组的回归系数逐渐与 0 无显著差异。股票期权在实施后的第一年并不显著,第二年起,股票期权组的回归系数逐渐上升,并在随后的五年的时间里均显著为正,且自第三年起,回归系数的绝对值和显著性水平均高于限制性股票的水平。表明适应性条款对股权激励效果具有显著影响,限制性股票的短期激励效果更优,但长期而言,股票期权的激励效果更好,且持续时间更长。

表 4.3   适应性条款与股权激励的动态效应

变量	限制性股票组		股票期权组	
Incentive	0.005* (1.88)		0.007** (2.24)	
Incen_year$_1$		0.005** (1.98)		0.002 (0.24)
Incen_year$_2$		0.006** (2.03)		0.004** (2.13)
Incen_year$_3$		0.007* (1.84)		0.013*** (3.26)
Incen_year$_4$		0.002 (0.52)		0.009** (2.04)
Incen_year$_5$		0.002 (0.30)		0.005** (2.17)
Incen_year$_6$		−0.002 (−0.34)		0.006 (1.37)
Lgroe	0.073*** (3.96)	0.072*** (3.91)	0.069*** (3.33)	0.069*** (3.32)

续表

变量	限制性股票组		股票期权组	
Lnasset	0.009**	0.009**	0.006	0.006
	(2.12)	(2.10)	(1.29)	(1.28)
Lev	−0.067***	−0.068***	−0.074***	−0.074***
	(−5.12)	(−5.13)	(−5.29)	(−5.25)
Cashflow	0.142***	0.142***	0.125***	0.126***
	(7.55)	(7.48)	(5.81)	(5.85)
Lnpay3	0.024***	0.024***	0.027***	0.027***
	(6.70)	(6.75)	(6.73)	(6.73)
Msr	−0.000	−0.000	−0.000	−0.000
	(−1.25)	(−1.28)	(−0.99)	(−1.03)
Topone	0.050*	0.050*	0.035	0.034
	(1.66)	(1.66)	(1.08)	(1.05)
HHI5	−0.000	−0.000	0.008	0.010
	(−0.02)	(−0.00)	(0.33)	(0.40)
Zindex	0.000	0.000	0.000	0.000
	(0.03)	(0.00)	(0.04)	(0.08)
Dual	0.002	0.002	0.005	0.005
	(0.56)	(0.54)	(1.19)	(1.23)
Board	−0.002	−0.001	−0.001	−0.001
	(−1.04)	(−1.01)	(−0.82)	(−0.90)
Indboard	−0.057	−0.057	−0.049	−0.049
	(−1.50)	(−1.50)	(−1.44)	(−1.44)
State	−0.011	−0.011	−0.019***	−0.019***
	(−1.25)	(−1.27)	(−3.42)	(−3.38)
Cons	−0.426***	−0.428***	−0.398***	−0.396***
	(−4.16)	(−4.17)	(−3.58)	(−3.58)
N	1 700	1 700	2 090	2 090
R^2	0.193	0.193	0.187	0.187
F	14.841	12.832	13.607	11.639

注：***、**、*分别表示 T 检验 1%、5%、10%的显著性水平。

2.激励性条款与股权激励的动态效应

为检验激励性条款对股权激励实施效果的影响,我们分别以激励力度和激励对象的行业中位数为界点,将样本分为"激励力度高"、"激励力度低"、"激励对象多"和"激励对象少"四个组分别进行回归。表 4.4 的结果显示,整体而言,契约条款的激励性越强,即激励力度越大、激励对象越多,股权激励的实施效果越好。就动态效应而言,在激励力度较小的子样本中,股权激励仅在实施后的第二年存在激励效应,而在激励力度较大的子样本中,股权激励实施后的第二年至第四年回归系数都显著为正,且系数的绝对值和显著性水平均远高于激励力度较小组的水平。就激励对象而言,激励对象较多的样本在实施后的前四年都表现出了显著的激励效果,而股权激励对激励对象较少的企业仅在实施后的第二年和第三年存在为期两年的激励作用,且这两年的绩效提升作用均显著低于激励对象较多组的水平。上述结果说明激励性条款的激励性越强,股权激励与企业绩效之间的动态关系就越显著,激励力度越大、激励对象越多,股权激励对企业绩效的提升程度就越大,激励效应的持续性也越强。本章的第二个假设得到了实证支持。

表 4.4　激励性条款与股权激励的动态效应

变量	激励力度较大组		激励力度较小组		激励对象较多组		激励对象较少组	
Incentive	0.008 *** (2.58)		0.004 (1.56)		0.010 *** (2.74)		0.003 (1.28)	
Incen_year$_1$		0.005 (1.48)		0.002 (0.77)		0.007 * (1.83)		0.001 (0.36)
Incen_year$_2$		0.006 * (1.73)		0.004 *** (2.70)		0.012 *** (3.20)		0.002 ** (1.82)
Incen_year$_3$		0.011 *** (2.78)		0.005 (1.43)		0.011 ** (2.54)		0.005 ** (2.56)
Incen_year$_4$		0.004 ** (2.16)		0.001 (0.36)		0.014 ** (2.42)		−0.003 (−0.91)
Incen_year$_5$		0.003 (0.63)		0.003 (0.56)		0.007 (0.86)		0.003 (0.76)
Incen_year$_6$		0.002 (1.06)		−0.003 (−0.96)		0.001 (0.10)		0.001 (0.25)
Lgroe	0.070 *** (3.63)	0.070 *** (3.59)	0.071 *** (3.72)	0.070 *** (3.69)	0.075 *** (3.65)	0.073 *** (3.56)	0.071 *** (3.90)	0.072 *** (3.94)
Lnasset	0.009 * (1.96)	0.009 * (1.93)	0.008 * (1.78)	0.008 * (1.82)	0.009 * (1.89)	0.008 * (1.75)	0.007 * (1.69)	0.008 * (1.74)
Lev	−0.068 *** (−5.06)	−0.068 *** (−5.07)	−0.074 *** (−5.71)	−0.074 *** (−5.69)	−0.069 *** (−4.87)	−0.070 *** (−4.94)	−0.072 *** (−5.86)	−0.072 *** (−5.77)
Cashflow	0.128 *** (6.60)	0.129 *** (6.64)	0.141 *** (7.13)	0.141 *** (7.12)	0.148 *** (7.10)	0.148 *** (7.06)	0.127 *** (6.78)	0.127 *** (6.80)

续表

变量	激励力度较大组		激励力度较小组		激励对象较多组		激励对象较少组	
Lnpay3	0.023***	0.022***	0.025***	0.025***	0.024***	0.024***	0.024***	0.024***
	(5.74)	(5.70)	(7.28)	(7.41)	(6.13)	(6.09)	(7.00)	(7.04)
Msr	−0.000	−0.000	−0.000	−0.000	−0.000	−0.000	−0.000	−0.000
	(−1.08)	(−1.04)	(−1.26)	(−1.34)	(−1.08)	(−1.05)	(−1.29)	(−1.35)
Topone	0.039	0.040	0.044	0.044	0.051	0.049	0.035	0.036
	(1.23)	(1.25)	(1.54)	(1.54)	(1.59)	(1.53)	(1.24)	(1.24)
HHI5	0.004	0.005	0.006	0.006	0.006	0.009	0.008	0.007
	(0.16)	(0.17)	(0.26)	(0.26)	(0.21)	(0.32)	(0.37)	(0.32)
Zindex	0.000	0.000	0.000	−0.000	−0.000	0.000	0.000	0.000
	(0.26)	(0.24)	(0.01)	(−0.07)	(−0.03)	(0.04)	(0.43)	(0.41)
Dual	0.004	0.004	0.003	0.003	0.003	0.003	0.004	0.004
	(0.99)	(0.97)	(0.81)	(0.86)	(0.80)	(0.80)	(1.01)	(1.05)
Board	−0.001	−0.001	−0.001	−0.001	0.000	0.000	−0.002	−0.002
	(−0.36)	(−0.34)	(−0.86)	(−0.83)	(0.12)	(0.02)	(−1.44)	(−1.46)
Indboard	−0.046	−0.045	−0.042	−0.040	0.004	0.002	−0.083**	−0.083**
	(−1.22)	(−1.19)	(−1.22)	(−1.17)	(0.10)	(0.04)	(−2.52)	(−2.50)
State	−0.008	−0.008	−0.019***	−0.019***	−0.012**	0.007*	−0.012	−0.013
	(−0.92)	(−0.94)	(−2.97)	(−2.97)	(−2.07)	(1.83)	(−1.56)	(−1.58)
Cons	−0.414***	−0.413***	−0.476***	−0.425***	−0.453***	−0.441***	−0.375***	−0.379***
	(−3.94)	(−3.91)	(−4.21)	(−4.07)	(−4.16)	(−3.99)	(−3.76)	(−3.83)
N	1 890	1 890	1 900	1 900	1 850	1 850	1 940	1 940
R^2	0.174	0.174	0.200	0.201	0.187	0.188	0.191	0.191
F	14.041	11.808	14.491	12.545	13.500	11.926	15.216	13.093

注：***、**、*分别表示 T 检验 1%、5%、10%的显著性水平。

3.约束性条款与股权激励的动态效应

为检验约束性条款对股权激励实施效果的影响,我们将样本分为"激励条件严格"、"激励条件宽松"、"激励期限长"和"激励期限短"四个组分别进行回归。表 4.5 的结果显示,契约条款的约束性越强,即激励条件越严格、激励期限越长,股权激励的整体激励效果越好。就动态效应而言,在激励条件严格、激励期限长的子样本中,股权激励实施后的第二年至第五年都表现出了显著的激励效果,实施后各年度系数的绝对值和显著性水平也均高于激励条件宽松、激励期限较短的企业。而激励条件宽松、激励期限较短的股权激励合约在整个研究期间内仅在实施后的第二年和第三年对企业绩效具有正向影响,第三年后回归系数迅速下降,逐渐不显著,在实施后的第五年和第六年,回归系数显著为负,反而降低了企业的绩效表现。上述结果说明约束性条款的设置能强化股权激励与企业绩效之间的动态关系,约束性条款的约束性越强,即激励条件越严格、激励期限越长,股权激励的绩效提升作用越强,激励效应的持续时间也更长;相反,约束性弱的股权激励契约仅存在短期的激励效果,在实施后的第四年会出现反转,激励效应迅速消失并显现出显著的负效应。本章的第三个假设也得到了验证。

表 4.5　约束性条款与股权激励的动态效应

变量	激励条件严格组		激励条件宽松组		激励期限较长组		激励期限较短组	
Incentive	0.011** (2.28)		−0.002 (−0.66)		0.009*** (3.08)		0.002 (0.01)	
$Incen\_year_1$		0.004* (1.86)		0.003 (0.85)		0.004* (1.96)		0.002 (0.26)
$Incen\_year_2$		0.007** (2.55)		0.004** (2.58)		0.008*** (4.06)		0.005** (2.23)
$Incen\_year_3$		0.013*** (2.88)		0.005** (1.97)		0.011** (2.02)		0.007* (1.87)
$Incen\_year_4$		0.007*** (2.68)		−0.001 (−1.08)		0.005** (2.11)		0.004 (0.85)
$Incen\_year_5$		0.003* (1.78)		−0.006** (−2.03)		0.003* (1.87)		−0.005** (−2.03)
$Incen\_year_6$		0.003 (0.49)		−0.002** (−2.15)		0.008* (1.72)		−0.003** (−2.14)
Lgroe	0.060*** (2.86)	0.058*** (2.79)	0.079*** (4.46)	0.079*** (4.49)	0.062*** (3.23)	0.061*** (3.17)	0.054*** (2.61)	0.054*** (2.59)
Lnasset	0.010** (2.09)	0.010** (2.05)	0.008* (1.73)	0.008* (1.74)	0.009* (1.96)	0.009** (2.07)	0.008 (1.44)	0.008 (1.44)
Lev	−0.075*** (−5.34)	−0.075*** (−5.30)	−0.068*** (−5.49)	−0.068*** (−5.45)	−0.075*** (−5.54)	−0.076*** (−5.54)	−0.070*** (−4.38)	−0.070*** (−4.40)
Cashflow	0.134*** (6.37)	0.134*** (6.37)	0.134*** (7.31)	0.134*** (7.29)	0.144*** (7.17)	0.143*** (7.16)	0.127*** (5.59)	0.128*** (5.58)
Lnpay3	0.024*** (6.10)	0.025*** (6.18)	0.023*** (6.98)	0.023*** (6.95)	0.025*** (6.65)	0.025*** (6.73)	0.028*** (6.06)	0.028*** (5.98)
Msr	−0.000 (−1.20)	−0.000 (−1.16)	−0.000 (−1.17)	−0.000 (−1.22)	−0.000 (−1.02)	−0.000 (−1.12)	−0.000 (−0.86)	−0.000 (−0.86)

　　大股东如何影响股权激励效应,是"有效监督"还是"合谋掏空"?董事会是否发挥了应有的治理作用,能显著改善股权激励的实施效果吗?在大股东控制程度不同的样本中,董事会治理对股权激励效应的影响又存在怎样的差异?本章基于我国上市公司一股独大的特殊股权结构特征,结合治理束的观点,重点从中观的公司治理层面考察大股东控制、董事会治理和两者之间的交互作用对股权激励动态激励效应的影响机制与作用效果,以期丰富股权激励效应调节因素的研究,并为中国股权激励实施效果的改善提供可借鉴的政策建议。

5.2　研究假设

5.2.1 大股东控制与股权激励的动态效应

　　作为现代企业中最关键的治理要素,股权结构决定着组织控制权的分布和企业面临的基本委托代理关系,因此,股东的控制程度从根本上决定了其他治理机制的安排及其最终的治理效果(Aguilera 和 Crespi,2016)。现有研究表明,大股东的治理角色具有两面性,高持股比例会促使大股东发挥监督作用,抑制高管的薪酬寻租行为(Shleifer 和 Vishny,1986;Singh 和 Davidson,2003)。而掏空动机又可能使大股东与高管产生冲突,抑或达成合谋,降低薪酬与绩效之间的敏感度(夏纪军和张晏,2008;周仁俊和高开娟,2012;Zhang 等,2014)。本研究认为,大股东控制对股权激励效应的实现既可能具有治理作用,也可能存在冲突或合谋的现象,这种异质性的作用效果受到大股东控制程度的影响。

　　首先,一定程度的大股东控制是必要的,作为股权激励合约的缔约方,股东对股权激励计划的设计和实施具有天然的监督动力,监督的积极性和强度与其拥有的控制权大小直接相关(古柳等,2016)。在股权分散,即企业不存明显的大股东控制特征时,由于监督收益低于监督成本,股东间存在"搭便车"心理,对管理者实施监督的能力和动机较弱,管理层在薪酬契约制定过程中往往拥有很强的谈判力和控制力,能够影响甚至控制激励契约的制定过程,可能会通过设计福利型的激励契约来实现寻租目的,使股权激励丧失激励效果。当企业存在大股东控制时,相对于分散的小股东而言,控股大股东由于持有更高的公司权益份额,因而会更积极地介入公司经营决策,以其丰富的管理经验直接参与企业决策的制定及实施,或委派代表参与企业管理,能有效完善企业的决策体系,从而提高薪酬契约制定的合理性(徐宁和徐向艺,2010)。此外,大股东控制还意味着更高的直接监督水平,一定程度上减轻了与管理层之间的信息不对称程度,使管理层盈余平滑和信息操纵等自利行为难以实施,进而加强了薪酬与业绩之间的敏感度,提高股权激励的实施效果(Holdemess 和 Sheehan,1988;Hoskisson 和 Castleton,2009)。吴育辉和吴世农(2010)研究发现,大股东在约束公司高管在股权激励方案设计中的自利行为时具有一定作用。可见,大股东有动机和能力监督管理层,能较好地解决薪酬契约制定和实施过程中的代理问题,因此存在大股东控制的公司相对于股权分散型公司具有更好的股权激励实施效果。

随着大股东持股比例的进一步提高,企业的代理问题逐渐由股东与管理者之间的利益冲突转变为控股股东与中小股东之间的利益冲突。尤其是在投资者保护不足的背景下,大股东出于自身利益最大化的考虑,有动机和能力通过隧道行为掏空公司价值,降低了其在股权激励效应实现过程中的监督作用。首先,大股东控制权与管理层控制权可能存在利益冲突,大股东可能会利用其控制权干预企业正常的经营活动,甚至将自己的私人利益凌驾于公司利益之上,从而影响管理层决策的制定与实施的效率(Hart,1995)。其次,大股东的隧道行为也使企业的运营和产出存在很多噪声,扭曲了高管报酬对公司绩效的影响机制,降低了管理层经营活动与绩效之间的敏感度(Wang 和 Xiao,2011)。最后,大股东掏空行为的实施离不开管理层的配合(Burkart 等,2003),为得到其默许或支持,大股东会让渡一部分掏空收益作为管理层参与合谋的回报,而股权激励不仅具有制度上的合法性,而且与其他激励方式相比,其激励额度更大,途径也更隐蔽,因而很可能成为大股东与高管合谋,进而侵占小股东利益的一种合法性的赎买工具(陈仕华和李维安,2012)。武立东(2007)研究发现,为了达到侵占的目的,大股东会对高管人员采取"赎买"的手段,以换取高管人员对其行为的支持,导致大股东控制程度对公司绩效与高管报酬关系的负向调节作用。周俊仁和高开娟(2012)也发现合谋情况下大股东对管理层的监督不仅不能使得公司价值得到提升,甚至会出现大股东与管理层相互掩饰窃取小股东利益的现象,大股东持股比例越高,股权激励效果越差。吴军(2015)研究发现随着控股股东控制权的提高,其掏空动机逐渐增强,从而纵容或者为高管提供较高的薪酬,对高管薪酬的监督作用也逐渐减弱甚至消失。杨慧辉等(2016)认为控股股东"收买"高管最直接的方式就是提高高管的薪酬水平,降低对薪酬激励的监督强度。综上所述,受不同控制程度的影响,大股东与管理层之间存在监督、冲突和合谋等不同的互动关系,进而会影响股权激励的实施效果。为此,提出本章的第一个假设:

> 假设 5.1:适度的大股东控制能提高股权激励的动态效应,即存在大股东控制且控制程度较低的公司,其股权激励的动态效应要优于没有大股东控制或大股东控制程度过高的公司。

5.2.2 董事会治理与股权激励的动态效应

作为股权激励计划实际拟定和实施的组织,董事会直接负责股权激励计划的设计,其运作效率直接决定了激励方案设计的有效性(Finkelstein 和 Hambrick,1996)。同时,董事会是股东在公司内部的代表,是制约和监督管理层自利行为的第一道防线,担任着经理人的选聘和奖惩等职责。因此,完善的董事会治理能够制定更优的激励机制,并能对经理层进行有效的监督,抑制 CEO 进行薪酬寻租的能力,从而实现激励相容(Sun 等,2009)。Bebchuk 和 Fried(2002)认为上市公司董事会的治理特征不同,相应的治理水平和效率必然也存在差异。其中,独立董事制度及 CEO 与董事长两职设置制度作为董事会的主要治理机制,是董事会治理环境的具体体现,能在一定程度上反映出董事会的治理效率和治理水平。

董事会的独立性是决定其治理效率的关键因素,独立董事占比越高,董事会就越能够保持独立客观,防止代理人的败德行为和逆向选择,提升监督的效果。Fama(1980)认为,董事会成员若能由外部的独立董事担任,董事会就能够最大限度地保持客观独立,提升监督效率。尤其是在股权激励方案的制定与审批过程中,独立董事发挥了举足轻重的作用,当拟订的股权激励计划草案提交董事会审议时,独立董事需要发表独立意见,而证监会审核无异议后,还需要独立董事征集投票权(吕长江等,2009)。此外,我国上市公司的独立董事主要由教育界和企业界的社会知名人士组成,为规避声誉风险和法律风险,并向市场传递其胜任能力信息,他们有很强的履职动机,会更积极地监督管理者的行为。同时,相较于内部董事,独立董事从外部遴选,较少受到内部人控制的影响,并有较强的专业背景知识和丰富的履职经验,因此,当董事会中独立董事的占比增加时,董事会治理的效率和独立性也会增强,设计出激励型薪酬契约的可能性越大,经理人利用股权激励契约设计和契约执行进行寻租的概率越低。

董事长与总经理两职分离有利于保障董事会的独立性和监督的有效性,降低高管控制董事会,操纵薪酬契约,为自己谋取福利的可能性,这也是保障股权激励实施效果的重要安排。首先,管理层是公司经营信息流的主要控制者,在两职合一的情形下,管理层控制对自身不利信息流的能力更强,公司的信息不对称程度增大,加剧了委托代理冲突,难以实现董事会有效监督(Rutherford 等,2007)。相反,两职分离能一定程度上降低内部人隐瞒不利信息的可能性,增加公司的透明度,减弱企业的信息不对称程度(Forker,1992)。此外,两职合一不仅使董事长与总经理之间的监督关系模糊化,弱化了董事会对管理层的监督和制约作用,还容易造成控制人"大权独揽"的局面,削弱董事会的监督职能(Boyd,1995),使总经理更容易操控董事会,进而加大了其介入股权激励契约设计和执行过程,实现权力薪酬寻租的能力。最后,董事长与总经理两职兼任还容易造成公司实际控制人的决策失误。Brickly 等(1997)发现两职分离对公司更加有利,且两者合一的公司通过两职分离可以显著提高企业的绩效表现。我国学者吕长江等(2009)也发现,董事长与总经理两职合一的公司设计出福利型激励契约的概率更高,股权激励的实施效果也更差。为此,提出本章的第二个假设:

> 假设 5.2:董事会治理能改善股权激励的动态效应,独立董事比例的提高和董事长与总经理两职分离能显著提高股权激励的实施效果。

5.2.3 大股东控制、董事会治理与股权激励的动态效应

Desender 等(2013)认为公司的股权结构特征影响了董事会的监督动机和能力,因此,在不同的股权结构下,大股东不同的控制程度可能会对董事会与股权激励效应之间的关系产生不同的影响。同时,董事会作为股东在企业内部的代理人,承担着监督经理层行为和保护外部股东权益的责任,对大股东的掏空行为也可能存在一定的约束和限制作用。因此,股权激励

的实施效果可能会受到大股东控制和董事会治理的共同作用和交互影响，即在大股东控制程度不同的企业中，董事会在股权激励效应实现过程中的治理作用可能存在差异。

当股权结构分散时，外部股东对高管直接监督的动机和能力不足，他们往往更倾向于通过董事会来间接地执行监督高管的职能，此时董事会往往更具独立性，更有利于保证股权激励效应的实现。首先，董事会的监督能减轻股权分散情形下的"内部人控制"问题，抑制大股东缺位时管理层运用职权进行薪酬寻租的能力，使高管报酬更多地与企业的产出挂钩。此外，当不存在大股东控制时，股东之间的相互制衡能促进股东会和董事会之间的平衡，营造出独立董事自由发表独立意见的内部环境，提高其履职的积极性，进而提升董事会治理的有效性。Desender 等（2013）研究发现，由于外部股东直接监督管理层的成本过高，相对于拥有控股大股东的企业，股权分散的企业往往更倚重董事会的治理作用，董事会履行治理职能的意愿也更强，治理效率也更高。因此，当控股股东缺位，企业不存在明显的大股东控制特征时，作为一种替代方式，董事会制度是强化公司内部制衡机制的一个有效选择，能对经理层的自利行为进行监督，发表独立意见并提供咨询建议，从而改善股权分散情况下股权激励的实施效果。

随着控制权的提高，大股东进行直接监督的能力和动机增强，对董事会的依赖程度降低，可能一定程度上削弱会董事会的治理作用（Desender 等，2013）。当持股比例增加到一定程度时，大股东在公司的决策中往往拥有很强的控制力，可以很大程度上决定董事会的规模和结构，包括独立董事的选聘数量、比例和董事会的领导结构等（梁权熙和曾海舰，2016）。在我国的企业实践中，独立董事实际上受到大股东的控制，绝大多数公司都是由大股东向董事会提出独立董事人选，再以董事会的名义提名，其他股东推荐的很少，这种不独立的独立董事产生机制可能使董事会沦为大股东攫取控制权私利的平台和工具（徐菁和黄珺，2009；Su 等，2009）。此外，我国上市公司独立董事所需要的信息主要由大股东提供，在目前大股东有限披露的情况下，存在着严重的信息不对称问题，独立董事的监督作用难以完全履行，在企业中更可能扮演花瓶角色（刘浩等，2012）。最后，大股东在董事和总经理的聘用问题上也具有相当强的决定权，甚至能直接决定董事长和总经理的任免，有研究发现，大股东的持股比例越大，采用两职合一领导结构的可能性就越大（邹风和陈晓，2004）。尤其是在大股东与经理层存在冲突或合谋的情况下,大股东改善公司治理的动机不足,为了便利地实施隧道行为,大股东往往更乐于建立一个完全听命于自己的董事会,而无意于改善董事会治理,甚至让董事会成为实质意义上的"橡皮图章"(唐跃军和李维安,2009),在薪酬合约的制定过程中很难保持独立性,难以有效监督大股东和高管的行为,也很难给公司股权激励契约的设置提供实质性的咨询意见(黄海杰等,2016)。综上所述,我们认为股权激励契约的签订和具体条款的设计本质上是由大股东主导的,尤其当股权集中度很高时,大股东可能会利用其在董事会中的控制力来影响激励契约的制定过程,剥夺董事会的薪酬制定权,造成董事职能的虚化,进而削弱董事会在股权激励效应实现过程中的治理作用。为此,提出本章的第三个假设。

> 假设5.3:当股权分散或大股东控制程度低时,董事会治理能强化股权激励的动态效应;大股东控制程度过高会削弱董事会在股权激励动态效应实现过程中的治理作用。

5.3 研究设计

5.3.1 变量定义

股权激励效应最终表现为企业绩效的提升,鉴于净资产收益率(ROE)是监管上市公司的重要指标,部分公司可能为满足监管要求会对其进行操纵,因此本研究用总资产收益率(ROA)作为企业绩效的代理变量。同时,学界通常采用会计业绩和市场业绩两大类指标衡量企业绩效,为更全面反映股权激励对企业绩效的提升效应,我们还采用 Tobin's Q 值这一被普遍使用的市场业绩指标作为衡量企业绩效的另一个代理变量对本章的研究结论进行稳健性检验。

本研究的解释变量为企业是否实施股权激励的二元虚拟变量,实施为1,否则为0。模型的控制变量包括企业前期绩效、资产规模、负债率、现金流、高管薪酬与持股比例、股权集中度与制衡度、两职合一、董事会规模与独董比例、控制权性质等,为了控制行业和年度特征对实证结果的影响,我们还在模型中加入了行业和年度哑变量。变量定义如表 5.1 所示。

表 5.1　变量名称与计算方法

变量类型	变量名称	变量符号	变量计算方法
被解释变量	企业绩效	ROA	净利润与期末总资产之比
		Tobin's Q	权益市场价值与负债面值之和与期末总资产账面价值之比
解释变量	股权激励	Incentive	实施股权激励为 1,否则为 0
控制变量	盈利能力	Adj_ROE	经年度行业均值调整后的净资产收益率
	公司规模	Lnasset	总资产的自然对数
	资产负债率	Lev	期末负债总额与资产总额之比
	现金流	Cashflow	经营活动现金流量净额与年末总资产的比值
	高管薪酬	Lnpay	管理层现金薪酬总额的自然对数
	高管持股	Msr	高管持有股数与总股本股数之比
	第一大股东持股	Topone	第一大股东持股与总股份之比
	股权集中度	HHI5	公司前 5 位大股东持股比例之和
	股权制衡度	Zindex	公司第一大股东与第二大股东持股比例之比
	两职合一	Dual	董事长和总经理兼任为 1,否则为 0
	董事会规模	Board	董事会人数的自然对数
	独立董事	Indboard	独立董事人数与董事会人数之比
	产权性质	State	最终控制人为国有主体取值为 1,否则为 0
	行业效应	Industry	以证监会 2001 年的行业分类标准设置虚拟变量
	年度效应	Year	根据研究年度设置年度虚拟变量
调节变量	大股东控制	Dum_CS	第一大股东持股比例大于或等于 20% 为 1,否则为 0
		CS	第一大股东持股与总股份之比
	董事会治理	Dual	董事长和总经理兼任为 1,否则为 0
		Ind	独立董事人数与董事会人数之比
		BG	董事会治理综合指标大于年度行业中位数则为 1,否则为 0

大股东控制对公司治理的影响主要体现在控制权程度上,即大股东对

公司重大决策的表决权,通常用大股东持股比例度量(唐跃军和李维安,2009)。古柳等(2016)也指出,大股东治理行为的水平和强度与其所拥有的控制权大小直接相关。借鉴周俊仁和高开娟(2012)、窦欢和陆正飞(2016)的做法,本研究利用第一大股东持股比例衡量大股东的控制程度,第一大股东持股比例越低,公司股权越分散,大股东控制权越弱;反之,大股东控制程度越强。同时,参照 Desender 等(2013)的界定方法,若第一大股东持股比例超过 20%,则表明上市公司存在控股股东,具有明显的大股东控制特征,Dum_CS 定义为 1;否则表明该公司不存在控股股东,即该公司拥有分散的股权结构,Dum_CS 定义为 0。在存在大股东控制的样本中,我们又根据第一大股东持股比例的年度中位数,将研究样本分为大股东控制程度较高和较低两个子样本,以此来衡量不同的大股东控制程度。

Kim(2015)及陈晓红和王思颖(2012)在研究中提到,独立董事制度和CEO 与董事长两职合一制度是董事会治理环境的具体体现,能在一定程度上反映出董事会的治理效率和治理水平。受他们研究的启发,本研究主要用独立董事占董事会成员的比重和董事会的领导结构,即总经理是否兼任董事长来衡量董事会的治理水平,独董比例越高、总经理与董事长两职分离,则董事会治理水平越高。鉴于董事会治理包括董事会规模、独立董事比例、董事会领导结构、董事激励机制以及董事的决策能力和履职状况等方面(崔学刚,2004),只用独立董事占比和两职设置情况衡量董事会治理可能存在着以偏概全的问题。为此,借鉴刘玉敏(2006)和冯慧群(2016)的做法,我们还运用主成分分析法,将董事会规模、独立董事占比、两职合一设置情况、董事会持股和董事会会议次数等可量化的因素拟合成董事会治理的综合指标,对研究结论进行了稳健性检验。

5.3.2 模型设定

与上一章的方法类似,为减轻样本选择偏误,我们首先采用 PSM 中的最近邻匹配法,根据 1:1 的比配标准对研究样本进行了筛选,再对匹配后的样本进一步采用多元回归分析,以检验大股东控制和董事会治理对股权激励效应的影响。回归模型如下所示:

$$\text{Performance}_{it} = \beta_0 + \beta_1 \text{Incentive}_{it} + \beta_2 \text{Controlvariables}_{it} + \varepsilon_{it} \tag{5.1}$$

$$\text{Performance}_{it} = \beta_0 + \sum_{1}^{6}\beta_i \ \text{Incentive}_{\text{Year}\ it} + \beta_7 \ \text{Controlvariables}_{it} + \varepsilon_{it}$$

$$(5.2)$$

$$\text{Performance}_{it} = \beta_0 + \beta_1 \ \text{Incentive}_{it} + \beta_2 \ \text{Incentive}_{it} \cdot \text{Dum\_CS}_{it} +$$
$$\beta_3 \ \text{Dum\_CS}_{it} + \beta_4 \ \text{Control}_{it} + \varepsilon_{it} \qquad (5.3)$$

$$\text{Performance}_{it} = \beta_0 + \beta_1 \ \text{Incentive}_{it} + \beta_2 \ \text{Incentive}_{it} \cdot \text{CS}_{it} + \beta_3 \ \text{CS}_{it} +$$
$$\beta_4 \ \text{Control}_{it} + \varepsilon_{it} \qquad (5.4)$$

模型(5.1)用于检验股权激励的整体激励效应。为考察大股东控制程度和董事会治理对股权激励效应的影响,本章在模型(5.1)的基础上依次加入了 Dum_CS 和 CS 与 Incentive 的乘积项,分别构建回归模型(5.3)和(5.4)进行检验。当 Incentive · Dum_CS 的系数显著为正,则表明相较于股权分散的公司,存在大股东控制企业的股权激励效果更好;当 Incentive · CS 的系数显著为负时,表明大股东控制程度对股权激励效应具有负向调节作用。

我们将模型(5.1)中的 Incentive 哑变量分解成一组实施之后的年份哑变量来考察股权激励的动态效应,见模型(5.2)。为考察是否存在大股东控制对股权激励动态效应的影响,我们根据第一大股东持股比例是否超过20%将样本划分为不存在大股东控制组与存在大股东控制组分别对模型(5.2)进行回归,若两组样本的回归系数存在显著差异,则表明大股东控制会影响股权激励的动态效应。此外,为考察大股东控制程度对股权激励动态效应的影响,我们以存在控股大股东的企业为原始样本,以第一大股东持股比例的中位数为界点,将样本分为大股东控制程度高和大股东控制程度低两组分别进行回归,通过观察回归系数的组间差异来检验大股东控制程度的异质性影响。类似的,为检验董事会治理对股权激励动态效应的影响,我们分别以独立董事占比的中位数为界点,以及董事长与总经理是否两职合一,将样本分为四个组分别进行回归,通过观察回归系数的组间差异来检验董事会治理对股权激励动态效应的异质性影响。

5.3.3 数据来源

本研究选取 2006 年至 2014 年公布股权激励方案的公司为原始样本,剔除了尚未实施、延期实施和终止实施的方案,再剔除金融保险行业、ST

类和数据不全的公司,最终得到 510 个激励组样本。对于控制组样本,本研究选取 2006—2014 年沪深 A 股上市公司为初始样本,剔除了金融保险类上市公司、ST 类上市公司以及数据缺失和异常的公司,最终得到 13 354 家备选的匹配样本公司。同时,为了消除极端值的影响,对所有连续变量按照 1% 的标准进行了缩尾处理。本研究相关数据来源于国泰安数据库和万得资讯金融终端系统,数据处理由 Stata 12.0 完成。

5.4 实证结果

5.4.1 描述性统计

表 5.2 为 PSM 后样本总体主要变量的描述性统计情况。可以看出,研究样本中第一大股东持股比例的均值高达 36.2%,说明我国上市公司的股权结构非常集中,"一股独大"的现象十分突出,普遍存在着明显的大股东控制特征。从董事会特征来看,董事长与总经理两职合一企业的比例达到 32.9%,独立董事占比的均值为 36.7%,中位数为 35.7%,最大值为 71.4%,最小值仅为 22.2%,多数上市公司独立董事的设置仅满足了证监会监管的需要,远低于发达国家上市公司的水平,董事会的治理综合指数的均值为 0.179,最大值为 0.449,最小值仅为 0.103,标准差为 0.082,不同企业之间董事会治理水平存在较大的差异。

表 5.2　主要变量的描述性统计

变量	均值	中位数	最小值	最大值	标准差
ROA	0.055	0.048	−0.207	0.271	0.052
Tobin's Q	2.125	1.689	0.188	50.441	1.512
lnasset	21.881	21.7	17.6	27.5	1.25
Lev	0.393	0.381	0.007	0.956	0.209
lgroe	0.096	0.083	−1.319	11.729	0.228
Lnpay	14.301	14.285	11.225	17.25	0.739

续表

变量	均值	中位数	最小值	最大值	标准差
Msr	0.092	0.005	0	0.8	0.16
Board	8.704	9	4	18	1.752
HHI5	0.529	0.531	0.03	0.964	0.16
Zindex	6.987	3.167	1	261.951	12.712
State	0.15	0	0	1	0.357
CS	0.368	0.365	0	0.815	0.148
Dual	0.329	0	0	1	0.47
Indboard	0.367	0.357	0.222	0.714	0.059
BG	0.189	0.176	0.103	0.449	0.089

5.4.2 回归分析

1.大股东控制与股权激励的动态效应

从表 5.3 中的 M1 可以看出,是否存在大股东控制的虚拟变量与股权激励的交互项系数为 0.002,且在 5％的水平上显著,说明大股东的在位能强化股权激励与企业绩效之间的正向关系,与股权分散的企业相比,存在大股东控制的企业,其股权激励实施效果更好,即大股东整体上能发挥监督作用,一定程度上缓解分散股权下的管理层代理问题,有效抑制高管的薪酬寻租行为,提高股权激励效应。从 M2 可以发现,大股东控制程度与股权激励的交互项系数为−0.027,在 5％的水平上显著为负,说明大股东控制程度对股权激励与企业绩效的关系具有显著的负向调节作用,控制程度越高,控股股东运用其控制权优势攫取控制权私有收益的动机和能力越强,股权激励实施效果越差。

为检验大股东控制对股权激励动态效应的影响,我们根据第一大股东持股比例将样本分为不存在大股东控制组(CS＜0.2,见 M3)、大股东控制程度较低组(CS＞0.2,小于均值 0.36,见 M4)、大股东控制程度较高组(CS＞0.36,见 M5)和大股东绝对控股组(CS＞0.5,见 M6)分别进行回归。当不存在大股东控制时,股权激励仅在实施后的第三年对 ROA 有显著影响,

表 5.3　大股东控制与股权激励的动态效应

变量	M1	M2	M3	M4	M5	M6
Incentive	0.008*	0.019**				
	(1.94)	(2.32)				
Incen_year$_1$			0.002	0.005	0.009	0.007
			(1.27)	(1.61)	(0.66)	(1.25)
Incen_year$_2$			0.004	0.007**	0.007	0.005
			(1.24)	(2.06)	(1.52)	(0.61)
Incen_year$_3$			0.008**	0.022***	0.010*	0.012
			(2.35)	(3.29)	(1.80)	(1.16)
Incen_year$_4$			0.004	0.015**	0.009	0.009
			(1.46)	(2.21)	(1.34)	(0.91)
Incen_year$_5$			0.002	0.011*	−0.007	−0.018**
			(0.18)	(1.81)	(−0.75)	(−2.15)
Incen_year$_6$			−0.010	0.003	−0.006*	−0.018*
			(−0.78)	(0.56)	(−1.70)	(−1.83)
Incentive · Dum_CS	0.002**					
	(2.22)					
Dum_CS	0.007					
	(1.23)					
Incentive · CS		−0.027**				
		(−1.97)				
CS	0.033	0.037	0.187	0.107	0.097**	0.184**
	(0.97)	(1.11)	(1.20)	(1.27)	(2.35)	(2.33)
Lgroe	0.021	−0.001	0.033	0.010	0.020*	0.023
	(0.25)	(−0.26)	(0.93)	(0.02)	(1.84)	(0.45)
Lnasset	0.016***	0.016***	0.012	0.006	0.022***	0.025*
	(2.97)	(3.03)	(0.80)	(0.81)	(2.95)	(1.77)

续表

变量	M1	M2	M3	M4	M5	M6
Lev	-0.089^{***}	-0.089^{***}	-0.054	-0.094^{***}	-0.129^{***}	-0.099^{***}
	(-6.33)	(-6.27)	(-1.50)	(-5.72)	(-6.08)	(-3.12)
Cashflow	0.146^{***}	0.146^{***}	0.097^{***}	0.125^{***}	0.126^{***}	0.150^{***}
	(6.66)	(6.63)	(2.73)	(4.65)	(5.12)	(3.91)
Lnpay3	0.020^{***}	0.020^{***}	0.027^{***}	0.021^{***}	0.008	0.013
	(5.92)	(5.93)	(2.82)	(5.29)	(1.28)	(1.40)
Msr	-0.000	-0.000	-0.000^{***}	0.000	-0.000^{***}	-0.000
	(-0.69)	(-0.61)	(-4.58)	(0.08)	(-3.19)	(-0.13)
HHI5	0.008	0.011	-0.028	0.013	-0.018	-0.021
	(0.38)	(0.53)	(-0.49)	(0.41)	(-0.43)	(-0.28)
Zindex	-0.000	-0.000	-0.001	0.000	-0.000	-0.000
	(-0.21)	(-0.10)	(-1.38)	(0.83)	(-1.33)	(-1.45)
Dual	0.004	0.004	0.018^{**}	-0.004	0.000	0.004
	(1.14)	(1.12)	(2.03)	(-0.83)	(0.06)	(0.35)
Board	0.001	0.001	0.004	0.000	0.002	0.002
	(0.95)	(0.93)	(1.52)	(0.03)	(0.80)	(0.48)
Indboard	-0.011	-0.011	0.058	0.060	0.020	0.040
	(-0.37)	(-0.36)	(0.86)	(1.24)	(0.47)	(0.60)
State	-0.013	-0.014	-0.021	-0.021^{*}	-0.010	-0.032^{***}
	(-1.51)	(-1.55)	(-0.76)	(-1.65)	(-0.97)	(-3.99)
Cons	-0.532^{***}	-0.539^{***}	-0.555^{**}	-0.341^{**}	-0.515^{***}	-0.745^{**}
	(-4.54)	(-4.56)	(-1.98)	(-2.15)	(-3.26)	(-2.32)
N	3 970	3 172	798	1 742	1 250	620
R^2	0.154	0.154	0.211	0.150	0.129	0.210
F	11.356	11.852	76.837	11.644	9.212	5.165

注：***、**、* 分别表示 T 检验 1%、5%、10% 的显著性水平。

表明大股东监督的缺位可能使股权激励成为高管权力寻租的工具,丧失动态激励效应;当存在大股东控制且控制程度较低时,在实施后的第二至第四年,股权激励的系数都显著为正,且远大于其他组的水平,表明股权激励对企业绩效的促进效应在控股股东在位且控制程度较低的样本中最为显著;随着大股东控制程度的进一步提高,股权激励的系数绝对值和显著性水平均大大降低,表明大股东的控制程度过高会与经营层产生冲突或合谋,股权激励逐渐丧失了绩效提升作用;当大股东处于绝对控股地位时,股权激励不仅不能提高企业的绩效表现,还在实施后的第五与第六年显现了显著的负效应,降低了企业的经营绩效。以上结果表明,只有适度的大股东控制能提高股权激励的实施效果,不存在大股东控制或大股东控制程度过高都不利于其动态效应的发挥,本章的第一个假设(假设5.1)得到实证结果的支持。

2.董事会治理与股权激励的动态效应

表5.4中全样本下的实证结果显示,独立董事占比与股权激励的交乘项在5%的水平上显著为正,两职合一与股权激励的交乘项在10%的水平上显著为负,表明董事会治理能强化股权激励效应,对股权激励与企业绩效之间的关系具有显著调节作用,独立董事占比高,董事长与总经理两职分离,能提高股权激励效应。

为检验董事会治理对股权激励动态效应的影响,我们分别以独立董事占比的中位数为界点,结合董事长与总经理是否两职合一,将样本分为"高独董比例"、"低独董比例"、"两职分离"和"两职合一"四个组进行回归分析。表5.4的结果显示,在独立董事占比高、两职分离的子样本中,股权激励实施后各年度系数的绝对值和显著性水平均远高于独立董事占比低、两职合一的企业。其中,独立董事占比高的样本在实施后的第二年至第三年都表现出了显著的激励效果,两职分离的样本还具有长达四年的持续激励效应;对照而言,股权激励对独立董事占比低和两职合一企业在整个研究期间内仅在实施后的第三年存在显著的激励效果,说明董事会治理能强化股权激励与企业绩效之间的动态关系,董事会的有效治理不仅能提高股权激励对企业绩效的提升程度,还能显著延长股权激励效应的持续性。本章的第二个假设(假设5.2)也得到了实证支持。

表 5.4　董事会治理与股权激励的动态效应

变量	All	High-Indboard	Low-Indboard	All	Non-Dual	Dual
Incentive	−0.004 (−0.29)			0.009*** (2.62)		
Incen_year$_1$		0.009 (1.39)	0.001 (0.20)		0.010** (2.40)	−0.012 (−1.36)
Incen_year$_2$		0.016** (2.12)	0.003 (0.72)		0.014*** (2.79)	0.002 (0.21)
Incen_year$_3$		0.021*** (3.05)	0.006* (1.85)		0.014** (2.24)	0.014** (1.98)
Incen_year$_4$		0.022*** (3.08)	−0.003 (−0.63)		0.011* (1.66)	0.016 (1.14)
Incen_year$_5$		0.003 (0.35)	−0.003 (−0.58)		0.006 (0.69)	0.011 (0.70)
Incen_year$_6$		0.013* (1.69)	−0.002 (−0.27)		0.003 (1.47)	−0.014 (−0.63)
Incentive • Indboard	0.015** (2.080)					
Indboard	−0.022 (−0.68)	−0.149 (−1.02)	−0.303 (−1.20)	−0.010 (−0.36)	−0.098 (−1.45)	−0.117 (−1.12)
Incentive • dual				−0.002* (−1.88)		
Dual	0.004 (1.13)	−0.003 (−0.31)	0.003 (0.61)	0.003 (0.73)	0.000 (0.00)	0.000 (0.00)
Lgroe	0.001 (0.26)	0.025 (0.57)	0.094*** (4.07)	0.001 (0.24)	0.025 (0.97)	0.042 (0.91)
Lnasset	0.016*** (3.00)	0.008 (0.98)	−0.005 (−0.91)	0.016*** (3.02)	−0.002 (−0.39)	−0.002 (−0.16)

续表

变量	All	High-Indboard	Low-Indboard	All	Non-Dual	Dual
Lev	−0.089***	−0.080**	−0.050***	−0.089***	−0.075***	−0.033
	(−6.25)	(−2.53)	(−3.17)	(−6.25)	(−3.45)	(−0.93)
Cashflow	0.147***	0.039	0.134***	0.146***	0.077***	0.111***
	(6.62)	(1.07)	(5.00)	(6.62)	(2.78)	(3.06)
Lnpay3	0.020***	0.027***	0.027***	0.020***	0.031***	0.030***
	(5.97)	(3.24)	(5.60)	(5.96)	(4.73)	(3.23)
Msr	−0.000	0.005	0.043*	−0.000	0.090***	−0.006
	(−0.60)	(0.17)	(1.69)	(−0.62)	(2.94)	(−0.18)
Topone	0.040	−0.054	0.087*	0.041	−0.026	0.150
	(1.25)	(−0.91)	(1.86)	(1.27)	(−0.41)	(1.41)
HHI5	0.013	0.119**	−0.031	0.012	0.059*	−0.069
	(0.60)	(2.47)	(−1.14)	(0.57)	(1.97)	(−1.00)
Zindex	−0.000	−0.000	−0.000	−0.000	−0.000	−0.000
	(−0.08)	(−0.79)	(−0.65)	(−0.10)	(−0.19)	(−1.05)
Board	0.001	−0.003	0.004	0.001	0.002	0.002
	(0.93)	(−1.07)	(1.29)	(0.93)	(0.64)	(0.49)
State	−0.014	−0.010	−0.018**	−0.014	−0.008	−0.071***
	(−1.55)	(−0.85)	(−2.16)	(−1.56)	(−0.84)	(−5.32)
Cons	−0.530***	−0.400**	−0.153	−0.536***	−0.275**	−0.416
	(−4.47)	(−2.01)	(−1.09)	(−4.55)	(−2.14)	(−1.52)
N	3 790	1 850	1 940	3 790	2 140	1 650
R^2	0.154	0.181	0.249	0.154	0.202	0.221
F	11.879	4.354	7.424	11.842	7.069	449.975

注：***、**、*分别表示 T 检验 1%、5%、10%的显著性水平。

3.大股东控制、董事会治理与股权激励的动态效应

为进一步考察大股东控制和董事会治理在股权激励效应实现过程中的交互治理作用,我们根据不同的大股东控制程度与董事会治理水平将研究样本分为表 5.5 所示的 12 个组别分别进行了分组检验。

当不存在大股东控制时,独董比例高、两职分离企业的自变量系数在实施后第二至第四年里都显著为正,且均显著高于了独董比例低、两职合一样本下的水平,表明当企业不存在控股大股东时,董事会治理能弥补大股东缺位时股东监督不足,改善股权激励的实施效果。随着第一大股东持股比例的提高(见"大股东控制程度较低组"),董事会治理水平高样本的股权激励系数和显著性水平也都高于董事会治理水平低的样本组水平,但与不存在大股东控制组相比,两者之间的差异大幅缩小,这表明随着控制程度的提高,大股东直接监督代理人的能力和动机增强,一定程度上会形成对董事会治理的替代,减少了对董事监督的依赖和需求,削弱了董事会在股权激励效应实现过程中的治理作用。随着大股东控制程度的进一步提高(见"大股东持股控制程度较高组"),股权激励的系数绝对值与显著性水平与前两组相比均大幅度下降,且在不同的董事会治理水平下,股权激励对企业绩效均无显著影响,变量的大小和显著性水平都没有明显差异,表明在大股东控制程度过高的样本中,董事会对股权激励效应不存在显著的治理作用。

以上研究结果显示,在大股东不同的控制水平下,董事会对股权激励效应的影响是存在显著差异的:当企业的股权结构分散时,不存在明显的大股东控制特征时,两者之间存在显著的互补效应,董事会治理显著改善了企业股权激励的效果;随着控股股东持股比例的升高,这种互补效应逐渐减弱,尤其是在大股东控制程度过高时,董事会对股权激励效应的治理作用失效,表明大股东控制程度的提高会削弱董事会对股权激励效应的治理作用,本章最后一个假设(假设 5.3)也通过了验证。

表 5.5　大股东控制、董事会治理与股权激励效应

分组	变量	High-Indboard	Low-Indboard	Non-Dual	Dual
不存在大股东控制组	$Incen\_year_1$	0.014 (1.46)	0.001 (0.07)	0.007 (1.13)	−0.003 (−0.15)
	$Incen\_year_2$	0.040** (2.20)	0.021* (1.76)	0.018** (2.53)	−0.008 (−0.47)
	$Incen\_year_3$	0.054** (2.03)	−0.001 (−0.06)	0.026*** (2.49)	0.015 (0.60)
	$Incen\_year_4$	0.070** (1.98)	−0.000 (−0.04)	0.007* (1.75)	0.032 (1.14)
	$Incen\_year_5$	−0.047 (−1.19)	−0.010 (−0.79)	−0.002 (−0.11)	0.016 (0.93)
	$Incen\_year_6$	−0.003 (−0.09)	0.003 (0.30)	0.034* (1.90)	0.016 (0.65)
	N	380	418	479	319
	R^2	0.414	0.409	0.316	0.502
大股东控制程度较低组	$Incen\_year_1$	0.009 (0.93)	0.008 (1.02)	0.006 (0.48)	0.009 (1.30)
	$Incen\_year_2$	0.011* (1.75)	0.013 (1.38)	0.019* (1.72)	0.015 (1.05)
	$Incen\_year_3$	0.030*** (3.66)	0.020** (2.30)	0.055*** (3.28)	0.010* (1.80)
	$Incen\_year_4$	0.018*** (2.73)	0.016*** (2.52)	0.009* (1.85)	0.005* (1.67)
	$Incen\_year_5$	−0.002 (−0.12)	0.014 (0.54)	0.004 (1.29)	0.001 (0.13)
	$Incen\_year_6$	0.005 (0.39)	0.001 (0.15)	0.002 (0.10)	0.005 (0.74)
	N	850	892	1 010	732
	R^2	0.400	0.224	0.153	0.325

续表

分组	变量	High-Indboard	Low-Indboard	Non-Dual	Dual
大股东控制程度较高组	Incen_year$_1$	0.002 (0.23)	−0.006 (−1.12)	0.002 (0.30)	−0.014 (−1.03)
	Incen_year$_2$	0.007 (0.59)	−0.008 (−1.08)	0.004 (0.54)	−0.008 (−0.40)
	Incen_year$_3$	0.003 (0.37)	−0.005 (−0.49)	0.003 (0.36)	−0.005 (−0.30)
	Incen_year$_4$	0.009 (0.81)	−0.010 (−1.15)	0.004 (0.58)	0.003 (0.25)
	Incen_year$_5$	−0.002 (−0.12)	−0.027 (−0.31)	−0.006 (−0.84)	−0.006 (−0.36)
	Incen_year$_6$	−0.000 (−0.04)	−0.019 (−1.58)	−0.009 (−1.08)	−0.017 (−0.95)
	N	620	630	651	599
	R^2	0.191	0.294	0.265	0.266

注:为节约篇幅,表中只汇报了股权激励变量的回归系数、T 值、模型的拟合优度和样本量;*** 、** 、* 分别表示 T 检验 1%、5%、10%的显著性水平。

5.4.3 稳健性检验

为保证研究结论的可靠性,避免不同变量度量方式对研究结果产生的影响,在本章第一个假设的实证检验中,我们还采用 Tobin's 值作为股权激励效应的又一个操作变量进行稳健性检验。同时,大股东控制的划分标准对本研究的研究结论也具有直接的影响,为此,参照 Desender 等(2013)、Jiang 和 Kim(2015)的做法,我们还将 25%作为阈值来界定企业是否存在大股东控制,若第一大股东持股比例高于 25%,表明企业的股权结构较为集中,存在明显的大股东控制特征,否则表明企业的股权结构分散,不存在控制型大股东。稳健性检验的结果如表 5.6 所示,所得结果与研究结论基本保持一致,即股权激励效应主要存在于具有大股东控制特征且控制程度较低的样本组中,表明本研究的研究结论是可靠的。

表 5.6 稳健性检验:大股东控制与股权激励的动态效应

变量	M7	M8	M9	M10	M11	M12
Incentive	0.245**	0.327***				
	(2.47)	(2.62)				
Incen_year$_1$			0.142	0.112	0.146	0.083
			(1.33)	(1.49)	(0.87)	(0.71)
Incen_year$_2$			0.242	0.340***	0.237	0.273
			(1.18)	(2.84)	(1.36)	(1.11)
Incen_year$_3$			0.277**	0.757***	0.489***	0.501
			(2.11)	(3.60)	(3.22)	(1.45)
Incen_year$_4$			0.199	0.633***	0.238	−0.061
			(0.36)	(4.52)	(1.63)	(−0.21)
Incen_year$_5$			0.114	0.250***	−0.009	−0.217**
			(0.23)	(2.99)	(−0.02)	(−2.50)
Incen_year$_6$			0.111	0.039	−0.028**	−0.425*
			(0.37)	(0.20)	(−2.08)	(1.93)
Incentive · Dum_CS	0.012***					
	(3.06)					
Dum_CS	0.078					
	(1.33)					
Incentive · CS		−0.374**				
		(−2.27)				
CS	−2.312	−2.511	−7.059	0.811	−0.044	1.759
	(−1.29)	(−1.45)	(−1.18)	(0.32)	(−0.03)	(0.72)
Lgroe	0.056	0.055	0.379	0.037	0.903*	1.485**
	(0.51)	(0.51)	(0.53)	(0.53)	(1.82)	(2.22)
Lnasset	−0.707**	−0.702**	−1.581	−0.583***	−0.716*	−0.975*
	(−2.54)	(−2.51)	(−1.05)	(−2.65)	(−1.93)	(−1.77)
Lev	1.015**	0.996**	1.641	1.259**	−0.447	0.881
	(2.06)	(2.02)	(1.13)	(2.12)	(−0.74)	(0.89)
Cashflow	2.040**	2.030**	1.073	2.025***	−0.916	0.931
	(2.04)	(2.03)	(0.43)	(3.43)	(−0.85)	(0.99)
Lnpay3	0.184	0.181	0.559	0.263*	−0.023	0.180
	(1.38)	(1.37)	(0.97)	(1.83)	(−0.13)	(1.10)
Msr	−0.000	−0.000	−0.000	−0.000**	−0.000***	−0.000
	(−0.59)	(−0.58)	(−1.04)	(−1.97)	(−3.72)	(−1.57)
HHI5	−0.140	−0.217	3.886	−1.888	−2.207	−1.688
	(−0.12)	(−0.18)	(0.77)	(−1.50)	(−1.33)	(−0.72)

续表

变量	M7	M8	M9	M10	M11	M12
Zindex	0.006 **	0.006 *	0.011	0.002	0.005 *	0.002
	(1.99)	(1.88)	(0.62)	(0.35)	(1.71)	(0.75)
Dual	−0.100	−0.101	0.447	−0.237	−0.289	0.115
	(−1.07)	(−1.08)	(1.11)	(−1.58)	(−1.40)	(0.37)
Board	0.069 *	0.070 *	0.156	0.138 **	−0.070	−0.103
	(1.69)	(1.73)	(1.46)	(2.43)	(−0.87)	(−1.31)
Indboard	2.350 **	2.351 **	5.537 **	0.216	0.427	0.616
	(2.10)	(2.11)	(2.24)	(0.15)	(0.21)	(0.25)
State	−0.209	−0.198	0.308	−0.502	0.167	−0.264
	(−1.16)	(−1.11)	(0.86)	(−1.35)	(1.05)	(−1.17)
Cons	12.688 ***	12.655 ***	22.073	8.773 *	18.229 **	20.016 *
	(2.71)	(2.70)	(1.01)	(1.92)	(2.13)	(1.86)
N	3 790	3 790	986	1 554	1 250	620
R^2	0.251	0.251	0.163	0.346	0.251	0.212
F	28.467	29.774	10.683	15.207	6.524	7.328

注:表中大股东控制的划分阈值为25%,因变量为 Tobin's Q;*** 、** 、* 分别表示 T 检验1%、5%、10%的显著性水平。

根据崔学刚(2004)的研究,董事会治理包括董事会规模、独立董事比例、董事会领导结构、董事激励机制以及董事的决策能力和履职状况等,只用独立董事占比和两职设置情况衡量董事会治理可能存在着以偏概全的问题。为此,借鉴刘玉敏(2006)和冯慧群(2016)的研究,我们还通过主成分分析法将董事会规模、独立董事占比、两职合一设置情况、董事会持股以及董事会会议次数这五个最重要的可量化因素拟合成董事会治理综合指标对本章的结论进行了稳健性检验。其中,在检验董事会治理对股权激励动态效应的影响时,我们根据董事会治理综合指标的中位数将样本分成两组分别进行回归,如果样本公司在该年度大于中位数则表明董事会治理水平较高,否则说明董事会治理水平较低。具体检验结果如表5.7和表5.8所示,回归结果与上文保持了一致,表明本章的研究结论是稳健的,没有受到董事会治理代理变量选择的影响。

表 5.7 稳健性检验:董事会治理与股权激励的动态效应

变量	ROA			Tobin's Q		
	M13	M14	M15	M16	M17	M18
Incentive	0.002			0.185**		
	(0.32)			(2.15)		
Incen_year$_1$		0.002	0.005		0.109	0.163
		(0.97)	(1.56)		(1.29)	(1.53)
Incen_year$_2$		0.006*	0.010***		0.207	0.245***
		(1.84)	(3.17)		(1.52)	(3.28)
Incen_year$_3$		0.009**	0.022***		0.247***	0.505***
		(2.06)	(3.56)		(2.79)	(4.29)
Incen_year$_4$		0.005	0.012***		0.169*	0.440**
		(1.12)	(2.78)		(1.83)	(2.44)
Incen_year$_5$		0.001	0.007*		0.079	0.247*
		(0.15)	(1.84)		(0.71)	(1.95)
Incen_year$_6$		0.005	0.002		0.099	0.118
		(0.80)	(0.22)		(1.51)	(0.81)
Incentive · BG	0.016**			0.236***		
	(2.20)			(4.31)		
BG	0.111			0.167		
	(1.49)			(1.13)		
Lgroe	0.001	0.025**	0.027*	0.062	1.397***	2.148***
	(0.28)	(2.01)	(1.80)	(0.55)	(3.35)	(4.23)
Lnasset	0.016***	−0.003	0.027***	−0.720***	−0.931***	−0.756***
	(3.04)	(−0.49)	(3.69)	(−2.61)	(−5.67)	(−5.03)
Lev	−0.089***	−0.084***	−0.108***	0.983*	0.755**	0.640*
	(−6.27)	(−5.42)	(−7.13)	(1.96)	(2.30)	(1.65)
Cashflow	0.145***	0.113***	0.111***	2.068**	0.789**	1.689***
	(6.74)	(5.25)	(5.72)	(2.09)	(2.27)	(4.04)
Lnpay3	0.020***	0.028***	0.015***	0.186	0.046***	0.073***
	(6.02)	(5.54)	(3.50)	(1.42)	(2.53)	(2.83)
Msr	−0.000	0.139	0.005**	−0.000	0.328	0.216*
	(−0.64)	(0.72)	(2.39)	(−0.58)	(1.08)	(1.85)
Topone	0.044	0.058*	0.058*	−2.616	−1.190	−1.936
	(1.38)	(1.79)	(1.85)	(−1.61)	(−1.48)	(−1.36)
HHI5	0.000	−0.005	0.044	0.214	−0.075	−0.863
	(0.02)	(−0.15)	(1.44)	(0.19)	(−0.11)	(−1.08)
Zindex	−0.000	−0.000	0.000	0.006**	0.003	−0.004
	(−0.16)	(−0.36)	(0.32)	(2.08)	(0.87)	(−1.00)

续表

变量	ROA			Tobin's Q		
	M13	M14	M15	M16	M17	M18
Dual	0.004	−0.005	0.013***	−0.088	−0.045	0.099
	(1.10)	(−1.14)	(3.16)	(−0.96)	(−0.45)	(1.12)
Board	0.001	0.001	0.003	0.073*	0.025	0.027
	(0.87)	(0.61)	(1.63)	(1.81)	(0.82)	(0.92)
Indboard	−0.054	0.021**	0.011**	3.347**	1.078**	0.111**
	(−1.48)	(2.36)	(2.30)	(2.30)	(2.07)	(2.15)
State	−0.012	−0.016**	−0.037*	−0.233	−0.044**	−0.728***
	(−1.33)	(−2.46)	(−1.94)	(−1.27)	(−2.28)	(−3.56)
Cons	−0.542***	−0.261**	−0.728***	13.179***	19.272***	15.765***
	(−4.55)	(−1.98)	(−4.65)	(2.86)	(5.36)	(4.91)
N	3 790	1 890	1 900	3 790	1 890	1 900
R^2	0.157	0.158	0.155	0.255	0.310	0.344
F	11.408	5.882	8.230	28.936	11.168	18.602

注:***、**、* 分别表示 T 检验 1%、5%、10% 的显著性水平。

表 5.8　稳健性检验:大股东控制、董事会治理与股权激励的动态效应

分组	变量	ROA		Tonbin's Q	
		Low-BG	High-BG	Low-BG	Hith-BG
不存在大股东控制组	Incen_year$_1$	0.000	0.004*	0.049	0.108**
		(0.04)	(1.77)	(0.33)	(1.99)
	Incen_year$_2$	0.005	0.007**	0.257	0.389***
		(1.40)	(2.16)	(1.40)	(2.75)
	Incen_year$_3$	0.012	0.018***	0.315*	0.499***
		(0.24)	(3.18)	(1.81)	(2.66)
	Incen_year$_4$	0.004	0.011**	0.239	0.290**
		(0.39)	(1.98)	(0.19)	(1.99)
	Incen_year$_5$	−0.005	0.012	−0.122	0.180
		(−0.37)	(1.32)	(−0.42)	(1.64)
	Incen_year$_6$	−0.011	0.008	−0.148	0.145
		(−0.94)	(1.39)	(−0.77)	(1.26)
	N	380	418	380	418
	R^2	0.234	0.237	0.451	0.385
	F	9.987	6.766	13.897	9.68

续表

分组	变量	ROA		Tonbin's Q	
		Low-BG	High-BG	Low-BG	Hith-BG
大股东控制 程度较低组	Incen_year$_1$	0.005 (0.87)	0.007 (1.44)	0.109 (1.11)	0.071 (0.99)
	Incen_year$_2$	0.011 (0.27)	0.012*** (4.02)	0.242*** (3.48)	0.234** (2.08)
	Incen_year$_3$	0.021*** (3.40)	0.024*** (4.89)	0.460*** (3.25)	0.587*** (3.70)
	Incen_year$_4$	0.014** (2.40)	0.018*** (3.41)	0.236** (2.01)	0.263*** (2.68)
	Incen_year$_5$	0.009 (0.73)	0.013*** (3.60)	0.130 (0.75)	0.171** (2.57)
	Incen_year$_6$	−0.001 (−0.12)	0.006 (1.52)	0.063 (0.40)	0.146 (1.07)
	N	850	892	850	892
	R^2	0.175	0.298	0.359	0.405
	F	5.369	12.049	8.925	12.429
大股东控制 程度较高组	Incen_year$_1$	0.006 (1.08)	0.003 (0.84)	0.073 (0.82)	0.055 (1.22)
	Incen_year$_2$	0.007 (1.42)	0.007 (1.15)	0.177 (1.38)	0.167 (1.15)
	Incen_year$_3$	0.012 (1.64)	0.012 (1.33)	0.212 (1.09)	0.344 (1.59)
	Incen_year$_4$	0.009 (1.17)	0.015 (1.27)	0.091 (0.45)	0.157 (1.46)
	Incen_year$_5$	−0.006 (−0.72)	−0.002 (−0.14)	−0.033** (−2.11)	−0.096 (−0.32)
	Incen_year$_6$	−0.003** (−2.12)	−0.019* (−1.95)	−0.242 (−0.89)	−0.137* (−1.81)
	N	660	590	660	590
	R^2	0.151	0.202	0.301	0.353
	F	5.241	7.069	4.163	12.414

注：***、**、*分别表示 T 检验 1%、5%、10%的显著性水平。

5.5　发现与讨论

本章从公司治理的中观层面出发,重点考察了大股东控制、董事会治理及两者的交互作用对股权激励动态效应的影响。研究发现:相对于股权结构分散或过于集中的公司,股权激励对存在大股东控制且控制程度较低的企业具有更强、更持久的绩效提升作用,表明控股股东在股权激励效应实现过程中既存在监督和治理的作用,也可能存在合谋或冲突的现象,这种异质性的作用效果受到大股东控制程度的影响;董事会治理强化了股权激励与企业绩效之间的正相关关系,独立董事比例的提高和董事长与总经理的两职分离能显著提高股权激励的绩效提升效应和持续时间;进一步考察控股股东与董事会在股权激励效应实现过程中的交互治理效应,发现当企业的股权结构分散时,董事会治理显著改善了企业股权激励的效果,随着控股股东持股比例的升高,这种互补效应逐渐减弱,尤其是在大股东控制程度过高时,董事会对股权激励效应的治理作用失效,表明大股东控制程度的提高会削弱董事会对股权激励效应的治理作用。

本章的研究结论表明,股权激励内生于特定的组织环境之中,适当的大股东控制和完善的董事会治理是其发挥作用的基本前提。首先,应当重视控股大股东监督和侵占等不同行为动机对股权激励效应的影响,股权分散时需警惕经理人的薪酬寻租行为,充分发挥外部股东和董事会的监督作用,股权集中时要留意控股大股东与经理层的合谋分租行为,尤其是在我国目前投资者保护不足的情况下,应该优化股权结构,完善公司内部股东之间的权力制衡与约束机制,压缩控股大股东和经理层间的合谋寻租空间,防止股权激励异化为大股东赎买管理层的工具。其次,要积极发挥董事会的治理作用,完善董事成员的组成结构,优化独立董事选聘制度,提高独立董事比例,建立董事的长期激励机制,实行董事长与总经理分任,切实保证董事会的独立性和有效性,以加强对内部人权力的约束和制衡,堵住高管权力薪酬寻租的路径。最后,大股东的控制程度是董事会能否发挥监督作用的重要前提,当大股东的控制程度较高时,董事会很难在股权激励效应的实现过程中真正独立、公允地发挥监督和治理作用,因此要建立健全约束大股东行为的组织结构和规章制度,完善董事的选举任命制度,突出中小投资者在董事会组建过程中的意愿表达机制和话语权,增加中小股东联合制衡大股东、参与公司治理的有效途径,防止大股东"呼风唤雨"的行为,切实保障存在大股东控制时董事会的独立性。

第6章

国有控股、市场竞争与股权激励的
动态效应

6.1 引言

上一章从中观的公司治理层面探讨了大股东控制、董事会治理以及两者之间的交互作用对股权激励动态效应的影响,为股权激励效应的中观层面影响因素的挖掘提供了一定的经验证据。但在企业层面研究股权激励与企业绩效的相关关系,可能忽略了这对关系背后更为重要、发挥基础性作用的情境因素,即公司所处的制度环境因素的影响。那么,公司所处的宏观制度环境因素又对股权激励与企业绩效之间的动态关系存在怎样的影响呢?本章将对这一关键问题做出解答。

根据制度理论的观点,企业总是处于特定的制度环境中,其行为表现及行为结果在很大程度上依赖于企业所处的制度环境。正如 Meyer 和 Rowan(1977),North(1990),DiMaggio 和 Powell(1991)等人所言,所有组织在某种程度上都是嵌入在制度化的环境当中的,不同的制度环境会对企业的决策及其行为后果产生显著影响,是导致经济组织效率差异的决定性因素。Williamson(1979;2000)也曾指出制度环境、治理结构与经济绩效之间存在递进内生关系,即制度环境决定治理结构,进而决定经济绩效。Aguilera 和 Jackson(2008)、Filatotchev 和 Allcock(2010)等学者也指出,委托代理理论指导下公司治理效应始终没能取得一致研究结论的关键原因在于忽略了企业所处制度环境的基础性影响,并指出需要结合制度理论的基本观点,考察制度环境因素对高管激励机制适用性和有效性的潜在影响。国内学者陈修德(2012)、沈红波等(2012)根据新制度经济学的观点,认为外部制度环境因素对企业内部最优契约的安排与演变存在着潜移默化的影响,并指出与所处的外部制度环境相适应是公司治理机制发挥预期治理作用的重要前提。股权激励作为公司内部的一种重要治理机制,内生于特定的制度环境中,其效应的发挥必定也受到外部制度环境因素的影响和制约。

作为一个市场化程度较低、政府行为对资源配置具有重要影响的新兴资本市场,我国上市公司面临的外部制度环境明显区别于西方发达国家(甄红线等,2015)。其中,最显著的特点体现为政府对经济干预程度过高和产品市场竞争机制不完善两个方面。首先,我国资本市场具有新兴与转轨的双重特征,政府行为对资源配置具有重要影响,尤其是我国绝大部分的上市公司均由国有企业改制而来,国家仍然在很多上市公司中占据着绝对或相对控股地位,这种特殊的产权制度背景使国有控股与非国有控股企业在公司治理效果上存在显著差异,如国有企业存在目标多元化、内部人控制、激励不足和过度监管等问题,这都可能会扭曲股权激励的实施效果;此外,我国的市场化改革虽然取得了举世瞩目的成就,但"渐进式"和"梯度式"的推进方式使产品市场竞争呈现出了显著的行业差异性,与西方发达国家相比,行业结构尚不成熟,产业竞争不够充分,有的企业具有行业垄断地位,有的企业却处于竞争激烈的产业环境之中,这也可能是目前不同企业股权激励实施效果存在巨大差异的关键原因。最后,自十一届三中全会以来,国企市场化改革已经进行了近四十年,国有控股企业也衍生出了许多异质性特征,不同类型的国有企业面临的市场竞争状况也存在显著的差异,作为混合所有制改革的重点对象,一些国有企业已经成为市场环境中按照市场机制参与竞争的主体,在治理结构、运行规则和激励机制等方面都有了显著的改进,基本具有了现代企业制度的基本特征(童露,2016),股权激励在产品市场竞争不同的国有企业中也可能存在显著的差异。因此,针对我国上述特殊的制度环境背景,深入探讨国有控股和市场竞争这两种基本制度环境因素对股权激励的实施效果的影响,无疑具有重要的理论意义和现实价值。

国有控股和市场竞争这两类我国最典型的制度环境特征对股权激励的动态效应存在怎样的影响?对于面临不同市场竞争状况的国有控股企业,股权激励的实施效果又存在怎样的差异?本章结合制度理论的基本观点,将股权激励、制度环境和企业绩效纳入一个统一的分析框架,重点检验了国有控股和市场竞争这两种我国最基本的制度环境对股权激励效应的影响，以期打开股权激励与企业绩效之间关系的"黑箱"，为上市公司股权激励实施效果的改善提供参考。

6.2　研究假设

6.2.1　国有控股与股权激励的动态效应

我国制度环境的最大特点在于政府对经济的干预程度过高，国家仍然在很多上市公司中占据着绝对或相对控股地位（刘凤委等，2007）。尤其是在国有控股企业中，政府对企业的干预更加严重，削弱了股权激励政策的治理效果。具体而言，与产权界定清晰，所有者定位明确，委托代理关系明晰，高管任命和薪酬体系的市场化程度更高的非国有控股企业不同，国有控股上市公司存在严重的内部人控制、目标多元化、显性激励不足和多重监管等问题，这都可能会削弱股权激励对国有企业绩效的提升作用，降低股权激励的动态激励效应。

首先，除经济和效率目标外，国有企业仍部分保留着社会公平、充分就业等非利润目标，这种多元化的组织目标难以实现企业目标和经营层激励的统一（辛宇和吕长江，2012）。其次，所有者的缺位和资产管理部门的监管不足使管理层掌控了国有企业的实际控制权，增强了国企高管在薪酬制定过程中的谈判力和控制力，可能使国企的股权激励计划沦为内部人的寻租工具（肖星和陈婵，2013）。再者，国企的管理层并不完全是市场选择的结果，多数高管来自政府委派或行政任命，高管承担的经营风险较小（龚永洪和何凡，2013），加上政府对国企高管实施了严格的薪酬管制，导致管理层的显性激励不足，有动机攫取额外私有收益的激励对象可能以政治晋升或在职消费等替代性激励替代股权激励等显现激励（廖理等，2009），从而模糊了国企经营绩效与经营者努力程度之间的关系，削弱了股权激励的有效性。最后，涉及国有资产的安全和效率问题，国有企业股权激励的实施受到严格的监管和限制，一方面，烦琐的审批程序和过长的沟通链条严重拖延了激励方案的推出时间，大大降低了股权激励的时效性；另一方面，股权激励比例、业绩指标和高管的收益程度都受到了过多的政策限制,不仅导致激励契约设计的灵活性不足,还大大降低了激励对象通过努力获得的收益,往往难以激发激励对象的动力,达不到应有的激励效果(邵帅等,2014)。为此,提出本章的第一个假设:

> 假设6.1:国有控股会削弱股权激励的动态效应,相对于非国有控股企业,国有控股企业股权激励的实施效果较差。

6.2.2 市场竞争与股权激励的动态效应

作为一种重要的外部治理机制,产品市场竞争程度反映了企业业绩的取得与管理层努力程度之间的关系的敏感程度。充分的市场竞争是改善企业运行机制、提高经营效果的基本保障,能够有效缓解股权激励设计和实施过程中的代理问题,抑制管理层攫取私人收益的动机和能力,进而提高股权激励的动态效应。相反,若没有充分的市场竞争环境,企业在行业内具有垄断地位,股权激励制度很可能成为激励对象"坐地收租"式的产权激励,不仅不能有效激励经营者努力工作、提升企业绩效,还可能沦为向激励对象进行利益输送的潜在途径。

首先,垄断性行业由于受到价格和进入管制,高管采取较少的努力就能获得高额利润,激励和绩效之间的敏感度较低;相反,处于竞争性行业的公司,面临着同行业其他企业的激烈竞争,管理者为了避免企业被破产清算,保持市场份额,同时也为了降低因未能实现预期业绩而面临被解雇或声誉损失的风险,同等的股权激励更能激发高管努力工作(李小荣和张瑞君,2014)。其次,如果市场竞争不充分,股东很难通过市场信息判断公司业绩的增长是激励对象努力工作的结果,还是资源垄断所导致,大大增加了股东评估股权激励实施效果的难度;而竞争性的产品市场可以向股东提供更充分和准确的有关企业产品价格、成本与管理层努力程度的信息,能有效降低委托代理双方之间的信息不对称程度,投资者能更有效地评价、判断经理人员的经营能力和努力程度,从而降低对管理层的监管难度,有效促进激励对象工作的积极性(解维敏和魏化倩,2016)。最后,行业的垄断程度越高,管理层拥有的信息优势就越明显,高管利用权力操控激励契约以获取权力薪酬、制定福利化股权激励合约、谋取私利的可能性就越大;而产品市场竞争能有效疏通和完善企业信息的收集与传递渠道,增加了管理层维持信息优势的成本,能促使股东制定出最优的股权激励契约,最终实现减弱甚至消除不完全契约条件下职业经理人的道德风险和机会主义行为问题,有效抑制高管层的权力薪酬(沈红波等,2012;陈震和丁忠明,2011)。为此,提出本章的第二个假设:

> 假设6.2:产品市场竞争会强化股权激励的动态效应,相对于市场竞争程度低的企业,产品市场竞争程度越高,股权激励的实施效果越好。

6.2.3 国有控股、市场竞争与股权激励的动态效应

随着国企市场化改革的推进,国有控股企业也衍生出了许多异质性特征,它们面临的市场竞争环境也发生了巨大的变化,有的企业仍受产业政策的保护,具有行业垄断地位,有的国企却处于激烈的产业竞争环境之中,与非国有控股企业一起根据市场竞争法则进行生产和运转。因此,不同类别的国有控股企业所处的市场竞争程度是不同的,其定位、角色、功能和目标均有所不同,公司治理机制的适用性和实施效果也会存在差异。童露(2016)的研究曾提到,竞争性国有企业在完全竞争的市场中生产与发展,以追求利润最大化为首要目标,以市场需求为导向,按照市场机制参与竞争,在公司治理结构、运行规则、选人用人机制、激励约束机制等方面具有了现代企业制度的显著特征。因此,不同类型的国有控股企业,面临着不同的产品市场竞争状况,股权激励的实施效果必然也存在差异。

李文贵和余明桂(2012)指出,国有企业的主要问题在于不平等竞争条件下形成的预算软约束,如果能为其构建一个更加市场化的制度环境,那么国有企业与非国有企业之间的效率差异将会显著缩小。辛清泉和谭伟强(2009)的研究也发现市场化进程能增强国有企业经理薪酬之于企业业绩的敏感性。因此,产品市场竞争对国有企业股权激励的实施效果也应该具有强化作用。首先,国有控股企业所在的市场竞争越充分,企业面临外部市场竞争压力越大,企业面临亏损和破产的可能性相应增大,政府向国有企业施加压力和干预的程度将显著降低(李文贵和余明桂,2012),对企业本身经济目标的要求和考核的力度将会加大,从而减轻了国企的政策性负担,缓解其目标多元化问题,有助于实现激励相容。其次,市场竞争可以通过信息传递

作用,使国企管理层的经营管理能力和努力程度的信息更加充分地公开,外部投资者可以更加有效地监督公司的管理层,进而削弱国有企业管理者自定薪酬、自谋福利的能力,提高股权激励契约设计的合理性。再者,为了适应外部激烈的市场竞争,监管当局可能会减少对竞争性国有企业薪酬设计的监管限制,从而降低股权激励制度的推行难度,缩短沟通链条和实施周期,在保障激励时效性的同时,提高薪酬契约条款设置的市场化和灵活性。最后,当市场竞争程度提高时,往往伴随着薪酬管制的放松,股权激励等显性契约的交易成本会随之大幅降低,相比之下,在职消费等隐性契约的成本就升高了,导致在职消费在激励组合中比重的下降,削弱了其对股权激励效应的替代作用(陈冬华等,2010)。黄慧群等(2014)指出,产业竞争性越显著的国有企业,人力资本对企业竞争力的贡献越大,越适宜在发展混合所有制时推行股权激励和员工持股计划等长期激励制度。因此,作为股权激励有效性的一个重要制度前提,充分的产品市场竞争会迫使国有企业在没有变更产权性质的情况下,提高经营效率,增强国有企业绩效与高管努力程度的相关性,进而提高股权激励的实施效果。据此,我们提出本章的最后一个假设:

> 假设6.3:产品市场竞争能改善国有企业股权激励的动态效应,产品市场竞争程度越高,国有企业股权激励的实施效果越好。

6.3 研究设计

6.3.1 变量定义

学界通常采用会计业绩和市场业绩两大类指标衡量企业绩效。为更全面地反映股权激励对企业绩效的提升作用,我们综合采用会计业绩指标ROA和市场业绩指标Tobin's Q作为衡量企业绩效的代理变量。

如前所述,本研究的解释变量为企业是否实施了股权激励,正在实施为1,否则为0。根据既有研究,本研究选择企业的前期绩效、资产规模、负债率、现金流、高管薪酬与持股比例、股权集中度与制衡度、两职合一、董事会规模与独董比例、控制权性质、年度和行业等已被证实对企业股权激励的实施效果有影响的变量为回归的控制变量。变量的具体定义和计算方法见表 6.1。

表 6.1　变量名称与计算方法

变量类型	变量名称	变量符号	变量计算方法
结果变量	企业绩效	ROA	净利润与期末总资产之比
		Tobin's Q	权益市价与负债面值之和与期末总资产账面价值之比
研究变量	股权激励	Incentive	是否实施股权激励,实施为 1,否则为 0
控制变量	盈利能力	Adj_ROE	经年度行业均值调整后的净资产收益率
	公司规模	Lnasset	总资产的自然对数
	资产负债率	Lev	期末负债总额与资产总额之比
	现金流	Cashflow	经营活动现金流量净额与年末总资产的比值
	高管薪酬	Lnpay	管理层现金薪酬总额的自然对数
	高管持股	Msr	高管持有股数与总股本股数之比
	第一大股东持股	Topone	第一大股东持股与总股份之比
	股权集中度	HHI5	公司前 5 位大股东持股比例之和
	股权制衡度	Zindex	公司第一大股东与第二大股东持股比例之比
	两职合一	Dual	董事长和总经理兼任为 1,否则为 0
	董事会规模	Board	董事会人数的自然对数
	独立董事	Indboard	独立董事人数与董事会人数之比
	产权性质	State	最终控制人为国有主体取值为 1,否则为 0
	行业效应	Industry	以证监会 2001 年的行业分类标准设置虚拟变量
	年度效应	Year	根据研究年度设置年度虚拟变量
调节变量	国有控股	State	最终控制人为国有主体取值为 1,否则为 0
	市场竞争	PC	行业内各上市公司营业收入份额的平方和

对于国有控股的衡量,我们根据企业最终控制人的性质来确定,如果企业的最终控制人为国有主体,则将样本企业定义为国有控股企业,State 取值为 1,否则取值为 0。对于产品市场竞争程度(PC),本研究采用基于行业

数据的 HHI 指数(Herfindahl-Hirschman Index)来衡量,即行业内各上市公司营业收入占行业总营业收入比重的平方和。HHI 指数是产品市场竞争的反向代理变量,其数值越低,表示产品市场的竞争程度越高;数值越高,表明产品市场的竞争程度越低。

6.3.2 模型设定

为考察国有控股和市场竞争对股权激励效应的影响,本研究在 PSM 的基础上,对匹配后的样本进一步采用多元回归分析,模型如下所示:

$$Performance_{it} = \beta_0 + \beta_1 Incentive_{it} + \beta_2 Controlvariables_{it} + \varepsilon_{it} \tag{6.1}$$

$$Performance_{it} = \beta_0 + \sum_1^6 \beta_i Incentive\_Year_{it} + \beta_7 Controlvariables_{it} + \varepsilon_{it} \tag{6.2}$$

$$Performance_{it} = \beta_0 + \beta_1 Incentive_{it} + \beta_2 Incentive_{it} \cdot State_{it} + \beta_3 State_{it} + \beta_4 Control_{it} + \varepsilon_{it} \tag{6.3}$$

$$Performance_{it} = \beta_0 + \beta_1 Incentive_{it} + \beta_2 Incentive_{it} \cdot PC_{it} + \beta_3 PC_{it} + \beta_4 Control_{it} + \varepsilon_{it} \tag{6.4}$$

模型(6.1)考察了股权激励对企业绩效的整体影响,Performance 为衡量股权激励效应的指标,若 Incentive 的系数显著为正,则说明股权激励存在激励效应。为考察国有控股、市场竞争对股权激励效应的影响,本研究在模型(6.1)的基础上依次加入了 Incentive 与 State 和 PC 的乘积项,分别构建回归模型(6.3)和(6.4)。若 Incentive · State 为负,则表明国有控股降低了股权激励效应;若 Incentive · PC 显著为负,则表明产品市场竞争能显著加强股权激励效应。模型的控制变量包括企业前期绩效、资产规模、负债率、现金流、高管薪酬与持股比例、股权集中度与制衡度、两职合一、董事会规模与独董比例、控制权性质、年度与行业等。

如前所述,为检验长期视角下股权激励的动态激励效应,我们将模型(6.1)中的 Incentive 哑变量分解成一组实施之后的年份哑变量,如模型(6.2)所示,估计系数 $\alpha_i(i = 1, 2, \cdots, 6)$ 分别刻画股权激励实施后第 i 年对企业绩效的影响。为考察国有控股对股权激励动态效应的影响,我们将样本划分为国有控股与非国有控股两组,分别对模型(6.2)进行回归,若两组样本的回归系数存在显著差异,则表明国有控股会影响股权激励的动态效应。类似的,我们以产品市场竞争程度的中位数为界点,将样本分为产品市场竞争程度高和产品市场竞争程度低两组分别进行回归,通过观察回归系数的组间差异来检验市场竞争的异质性影响。

6.3.3 数据来源

本研究选取股权分置改革完成后和《上市公司股权激励管理办法》实施以来,公布股权激励方案的公司为原始样本,剔除了尚未实施、延期实施和终止实施的方案,再剔除金融保险行业、ST 类和数据不全的公司,最终得到 510 个激励组样本。对于控制组样本,本研究选取 2006—2014 年沪深 A股上市公司为初始样本,剔除了金融保险类上市公司、ST 类上市公司以及数据缺失和异常的公司,最终得到 13 354 家备选的匹配样本公司。同时,为了消除极端值的影响,对所有连续变量按照 1% 的标准进行了缩尾处理。本研究相关数据来源于国泰安数据库和万得资讯金融终端系统,数据处理由 Stata 12.0 完成。

6.4　实证结果

6.4.1 描述性统计

表 6.2 给出了经倾向得分匹配法对研究样本进行筛选后,样本总体主要变量的描述性统计情况。可以看出,国有控股企业占了全部样本的 15% 左右,表明股权激励计划的推行主体为非国有控股企业,最终推出并成功实施股权激励的国有控股企业数量相对较少。产品市场竞争 PC 的均值为0.085,最大值为 0.744,最小值为 0,标准差为 0.147,表明企业面临的市场竞争程度存在很大的差异。

表 6.2　主要变量的表述性统计

变量	均值	中位数	最小值	最大值	标准差
ROA	0.055	0.048	−0.207	0.271	0.052
Tobin's Q	2.125	1.689	0.188	50.441	1.512
lnasset	21.881	21.7	17.6	27.5	1.25
Lev	0.393	0.381	0.007	0.956	0.209
lgroe	0.096	0.083	−1.319	11.729	0.228
Lnpay	14.301	14.285	11.225	17.25	0.739
Msr	0.092	0.005	0	0.8	0.16
Dual	0.329	0	0	1	0.47
Board	8.704	9	4	18	1.752
Indboard	0.367	0.357	0.222	0.714	0.059
Topone	0.368	0.365	0	0.815	0.148
HHI5	0.529	0.531	0.03	0.964	0.16
Zindex	6.987	3.167	1	261.951	12.712
State	0.15	0	0	1	0.357
PC	0.085	0.011	0	0.744	0.147

6.4.2 回归分析

1.国有控股与股权激励的动态效应

表 6.3 中样本总体的回归结果显示，无论是以 ROA 还是以 Tobin's Q 为被解释变量，国有控股与股权激励的交乘项系数都显著为负，表明国有控股对股权激励与企业绩效之间的关系具有显著的负向调节作用，国有控股降低了股权激励的绩效提升作用，相较于非国有控股企业，国有控股企业股权激励的实施效果较差。

国有控股对股权激励动态效应存在怎样的影响，这是我们更加关注的问题。为此，根据最终控制人性质，本研究将样本总体分为非国有控股和国有控股两组样本分别进行回归，如表 6.3 所示，两组样本的回归系数呈现出了明显差异。在非国有控股企业样本组中，自变量的回归系数从实施后的第一年至实施后的第四年均显著为正，且均高于国有样本的水平。而国有控股样本的回归系数仅在实施后的第三年和第四年显著，实施后第一年、第二年、第五年和第六年均未通过显著性检验，表明在实施的头两年，股权激励并不能立竿见影地提升国有企业的财务绩效，在实施的初期并没有即刻表现出显著的激励效应,而是经历了一个为期两年的明显滞后期;在实施后的第三年,股权激励的实施效果开始显现并逐渐增强,但仅存在两年的持续期;到实施后的第五年,股权激励的实施效果逐渐消失,与控制组无显著差异。以上实证结果说明,国有控股对股权激励与企业绩效的关系具有显著调节作用,股权激励对非国有控股企业的绩效提升作用更强,激励效果也更加持久,而国有企业的股权激励存在为期两年的时滞效应,绩效提升作用低于非国有控股企业,且激励效应仅存在两年持续期,本章第一个假设即假设6.1 得到支持。

表 6.3　国有控股与股权激励的动态效应

变量	样本总体		国有控股组		非国有控股组	
	ROA	Tobin's Q	ROA	Tobin's Q	ROA	Tobin's Q
Incentive	0.008*** (3.43)	0.320*** (4.10)				
$Incen\_year_1$			0.002 (0.47)	−0.001 (−0.02)	0.003*** (4.25)	0.159*** (3.52)
$Incen\_year_2$			0.004 (0.58)	0.140 (1.04)	0.007*** (3.22)	0.387*** (4.86)
$Incen\_year_3$			0.011*** (2.65)	0.419*** (3.14)	0.018*** (2.77)	0.452*** (4.50)
$Incen\_year_4$			0.007* (1.89)	0.287** (2.06)	0.009* (1.74)	0.314** (2.53)
$Incen\_year_5$			0.002 (0.06)	0.267 (1.63)	0.007 (1.55)	0.212 (1.29)
$Incen\_year_6$			0.003 (0.68)	0.144 (1.24)	0.002 (0.57)	0.190 (1.18)
Incentive · State	−0.007** (−2.09)	−0.403*** (−3.39)	0.000 (0.00)	0.000 (0.00)	0.000 (0.00)	0.000 (0.00)
State	−0.012 (−1.57)	−0.008 (−0.05)	0.000 (0.00)	0.000 (0.00)	0.000 (0.00)	0.000 (0.00)
Lgroe	0.021 (0.54)	0.059 (0.54)	0.047 (1.51)	0.607 (1.59)	0.023 (1.20)	1.705*** (3.84)

续表

变量	样本总体		国有控股组		非国有控股组	
	ROA	Tobin's Q	ROA	Tobin's Q	ROA	Tobin's Q
Lnasset	0.016***	−0.719***	0.015	−0.373*	0.011**	−0.739***
	(2.99)	(−2.59)	(1.32)	(−1.97)	(2.47)	(−4.59)
Lev	−0.089***	1.011**	−0.083***	−0.947*	−0.074***	0.766**
	(−6.25)	(2.03)	(−3.06)	(−1.74)	(−6.35)	(2.27)
Cashflow	0.146***	2.031**	0.050*	0.799	0.143***	1.652***
	(6.62)	(2.03)	(1.76)	(1.62)	(8.67)	(3.78)
Lnpay3	0.020***	0.175*	0.022**	−0.020	0.020***	0.078
	(5.96)	(1.83)	(2.57)	(−0.15)	(6.31)	(0.77)
Msr	0.031	0.001*	0.002	0.012***	−0.000	−0.000***
	(1.63)	(1.68)	(0.59)	(3.19)	(−1.02)	(−3.40)
Topone	0.041	−2.394	0.016	−1.206	0.036	−0.814
	(1.26)	(−1.43)	(0.26)	(−1.36)	(1.38)	(−0.72)
HHI5	0.012	−0.180	0.013	−0.153	0.019	−0.713
	(0.58)	(−0.15)	(0.42)	(−0.15)	(0.87)	(−1.01)
Zindex	−0.000	0.005*	−0.000	0.001	0.000	0.001
	(−0.10)	(1.90)	(−0.63)	(0.55)	(0.65)	(0.27)
Dual	0.004	−0.102	0.018*	−0.149	0.003	−0.074
	(1.12)	(−1.09)	(1.79)	(−0.46)	(0.78)	(−0.88)
Board	0.001	0.069*	0.003	0.091*	0.000	0.049
	(0.91)	(1.70)	(0.87)	(1.68)	(0.35)	(1.42)
Indboard	−0.011	2.348**	−0.041	0.868	−0.011	1.884**
	(−0.37)	(2.12)	(−0.47)	(0.81)	(−0.39)	(2.00)
N	3 790	3 790	612	612	3 178	3 178
R^2	0.154	0.252	0.220	0.264	0.155	0.419
F	11.852	29.426	6.100	5.782	13.409	33.070

注：***、**、* 分别表示 T 检验 1%、5%、10% 的显著性水平。

146

2.市场竞争与股权激励的动态效应

从表 6.4 的前两列可以看出，无论是以 ROA 还是以 Tobin's Q 为被解释变量，产品市场竞争与股权激励的交互项系数都显著为负，表明整体而言，产品市场竞争对股权激励与企业绩效之间的关系具有显著的正向调节作用，产品市场竞争程度越高，股权激励对企业绩效的提升作用越显著。

表 6.4　产品市场竞争与股权激励的动态效应

变量	样本总体		市场竞争程度高组		市场竞争程度低组	
	ROA	Tobin's Q	ROA	Tobin's Q	ROA	Tobin's Q
Incentive	0.008***	0.245**				
	(3.30)	(2.43)				
Incen_year$_1$			0.004***	0.107**	0.002	0.094
			(3.23)	(2.51)	(0.17)	(0.70)
Incen_year$_2$			0.008***	0.204***	0.005	0.116
			(2.91)	(3.44)	(0.94)	(0.86)
Incen_year$_3$			0.021***	0.498***	0.013**	0.316***
			(3.18)	(3.62)	(2.14)	(2.94)
Incen_year$_4$			0.013**	0.469*	0.07**	0.323**
			(2.00)	(1.91)	(2.27)	(2.10)
Incen_year$_5$			0.005*	0.207**	0.01	0.181
			(1.82)	(2.07)	(1.09)	(1.25)
Incen_year$_6$			0.005	0.117	−0.003	−0.278**
			(0.78)	(0.97)	(−1.35)	(−2.15)
Incentive·PC	−0.012**	−0.349**				
	(−2.18)	(−2.06)				
PC	−0.004**	−0.243***				
	(−2.28)	(−4.92)				
Lgroe	0.001	0.047	0.035	1.397***	0.003	2.341**
	(1.39)	(0.44)	(1.52)	(4.45)	(0.06)	(2.42)
Lnasset	0.017***	−0.786***	0.006	−0.776***	0.015*	−1.154***
	(3.05)	(−2.85)	(1.09)	(−5.30)	(1.86)	(−4.35)

续表

变量	样本总体		市场竞争程度高组		市场竞争程度低组	
	ROA	Tobin's Q	ROA	Tobin's Q	ROA	Tobin's Q
Lev	−0.089***	0.857*	−0.092***	0.638***	−0.090***	1.635**
	(−6.20)	(1.71)	(−7.45)	(2.86)	(−3.51)	(2.11)
Cashflow	0.144***	1.972*	0.126***	1.254***	0.128***	1.438*
	(6.46)	(1.94)	(6.47)	(3.87)	(4.17)	(1.72)
Lnpay3	0.020***	0.190	0.023***	0.044	0.015**	0.336
	(5.89)	(1.45)	(5.62)	(0.70)	(2.29)	(1.54)
Msr	0.001	0.001	0.029**	0.078	0.000	−0.001***
	(0.52)	(0.41)	(2.37)	(0.34)	(0.50)	(−4.97)
Topone	0.038	−2.924*	0.083***	−1.578**	0.000	−3.680
	(1.16)	(−1.70)	(2.61)	(−2.00)	(0.01)	(−1.42)
HHI5	0.010	0.230	−0.031	−0.006	0.052	−1.120
	(0.48)	(0.19)	(−1.26)	(−0.01)	(1.37)	(−0.70)
Zindex	−0.000	0.006**	−0.000	0.003	0.001**	0.028
	(−0.05)	(2.05)	(−0.95)	(0.77)	(2.13)	(1.60)
Dual	0.005	−0.121	−0.002	−0.052	0.006	0.049
	(1.24)	(−1.28)	(−0.56)	(−0.63)	(1.30)	(0.27)
Board	0.001	0.064	0.001	−0.001	0.000	0.065
	(1.05)	(1.64)	(0.37)	(−0.05)	(0.22)	(0.89)
Indboard	−0.008	1.964*	−0.041	0.776	−0.024	1.753
	(−0.28)	(1.75)	(−1.04)	(1.14)	(−0.51)	(0.80)
State	−0.014*	−0.300*	−0.028***	−0.199	0.000	0.000
	(−1.74)	(−1.67)	(−3.33)	(−1.34)	(0.00)	(0.00)
N	3 790	3 790	1 992	1 992	1 798	1 798
R^2	0.150	0.287	0.174	0.311	0.126	0.469
F	11.644	29.615	9.096	22.560	4.609	225.160

注：***、**、*分别表示 T 检验 1%、5%、10%的显著性水平。

为考察市场竞争对股权激励动态效应的影响,我们以产品市场竞争程度的年度中位数为界点,将研究样本分为产品市场竞争程度高和产品市场竞争程度低两组分别进行回归,通过观察回归系数的组间差异来检验市场竞争的异质性影响。可以看出,在产品市场竞争程度低的子样本中,股权激励仅在实施后的第三年和第四年中存在显著的激励作用,且这两年的绩效提升程度均低于产品市场竞争程度高的样本组水平。相对应的,股权激励对处于产品市场竞争程度高行业的企业具有长达五年的显著绩效提升作用,且每年的绩效提升作用都高于市场竞争程度低组的水平,说明市场竞争是股权激励发挥预期动态效应的基本制度前提,产品市场竞争程度越高,股权激励与企业绩效之间的动态关系就越显著,不仅对企业绩效的提升程度越大,而且激励效应的持续性也越强,本章第二个假设即假设 6.2 也得到了验证。

3.国有控股、市场竞争与股权激励的动态效应

为检验产品市场竞争对国有控股企业股权激励效应的影响,本部分仅选取国有控股的样本进行实证检验。表 6.5 中前两列的回归结果与全样本下的实证结果一致,无论是以 ROA 还是以 Tobin's Q 作为因变量,市场竞争与股权激励的乘积项系数都为负,且分别在 10% 和 5% 的水平上显著,表明市场竞争程度的增加会显著提高股权激励对国有控股企业绩效的整体提升作用。

为检验产品市场竞争对国有控股企业股权激励动态效应的影响,我们以产品市场竞争程度的年度中位数将国有控股样本分为市场竞争程度高组和市场竞争程度低组两个子样本组分别进行回归。从实证结果来看,面临的产品市场竞争程度不同,国有控股企业股权激励的动态效果呈现出了明显的差异。具体而言,对于产品市场竞争程度低的国有控股企业,股权激励除在实施后的第三年对企业的 ROA 具有显著促进作用外,在整个评估期间内都未表现出显著的激励效果。相较而言,市场竞争程度高的国有控股企业则存在为期三年的持续激励效应,即在实施后的第二年至第四年都能显著地提高企业的绩效表现。以上实证结果表明,产品市场竞争增强了国有企业股权激励与企业绩效之间的动态关系,一定程度上改善了国有企业股权激励的实施效果,即只有在竞争性的产品市场环境中,股权激励才能发挥预期的动态作用,对国有企业产生持续、动态的绩效提升作用,本章的第三个假设即假设 6.3 也得到了验证。

表 6.5 国有控股、市场竞争与股权激励的动态效应

变量	国有企业		市场竞争程度高组		市场竞争程度低组	
	ROA	Tobin's Q	ROA	Tobin's Q	ROA	Tobin's Q
Incentive	0.007*	0.274**				
	(1.83)	(1.99)				
Incen_year$_1$			0.002	0.148	0.020	0.015
			(0.34)	(0.92)	(1.04)	(0.11)
Incen_year$_2$			0.005**	0.330**	0.013	−0.064
			(2.48)	(2.14)	(1.63)	(−0.36)
Incen_year$_3$			0.031***	0.550**	0.008*	0.139
			(3.21)	(2.80)	(1.79)	(0.63)
Incen_year$_4$			0.027**	0.392**	−0.013	−0.073
			(2.40)	(2.28)	(−1.37)	(−0.33)
Incen_year$_5$			0.008	0.104	−0.009	0.008
			(0.53)	(1.01)	(−1.06)	(0.41)
Incen_year$_6$			0.005	0.199	0.004	−0.132
			(1.24)	(0.79)	(0.36)	(−0.77)
Incentive · PC	−0.016*	−0.318**				
	(−1.84)	(−2.06)				
PC	−0.052**	−1.245*				
	(−2.46)	(−1.88)				
Lgroe	0.045	0.676*	0.030	0.837*	0.007	0.348
	(1.47)	(1.81)	(0.98)	(1.90)	(0.16)	(0.42)
Lnasset	0.017	−0.319*	0.019	−0.193	−0.005	−0.766***
	(1.65)	(−1.72)	(1.27)	(−0.53)	(−0.37)	(−3.41)
Lev	−0.083***	−0.541	−0.097***	−0.694	−0.143***	−0.596
	(−2.90)	(−0.96)	(−2.71)	(−0.87)	(−4.08)	(−0.75)
Cashflow	0.047*	0.888*	0.092*	0.517	0.032	0.757
	(1.67)	(1.89)	(1.91)	(0.84)	(0.84)	(1.17)

续表

变量	国有企业		市场竞争程度高组		市场竞争程度低组	
	ROA	Tobin's Q	ROA	Tobin's Q	ROA	Tobin's Q
Lnpay3	0.024***	−0.011	0.006	−0.111	0.049***	0.294
	(2.90)	(−0.09)	(0.71)	(−0.94)	(5.66)	(1.14)
Msr	−0.000	−0.000***	−0.138*	−5.129**	−0.000	−0.000***
	(−0.64)	(−4.47)	(−1.67)	(−2.21)	(−0.80)	(−5.04)
Topone	0.013	−1.084	−0.101	0.340	0.070	−0.833
	(0.24)	(−1.33)	(−0.98)	(0.22)	(1.06)	(−0.71)
HHI5	−0.007	−0.920	−0.001	−1.008	0.091**	−0.556
	(−0.23)	(−0.88)	(−0.02)	(−0.54)	(2.02)	(−0.54)
Zindex	−0.000	0.001	−0.000	−0.007	−0.000	0.000
	(−0.98)	(0.47)	(−0.16)	(−1.28)	(−0.74)	(0.11)
Dual	0.018*	−0.274	0.027**	−0.202	0.004	0.135
	(1.88)	(−0.85)	(2.33)	(−0.45)	(0.21)	(1.01)
Board	0.005	0.084	0.004	0.198**	0.005	−0.094
	(1.13)	(1.40)	(0.62)	(2.03)	(0.87)	(−0.95)
Indboard	−0.024	−0.234	−0.082	1.495	0.043	−1.783
	(−0.27)	(−0.21)	(−0.60)	(0.76)	(0.39)	(−0.75)
Cons	−0.715***	9.838***	−0.322	5.223	−0.639**	17.942***
	(−2.81)	(2.81)	(−1.26)	(0.68)	(−2.00)	(4.51)
N	612	612	304	304	308	308
R^2	0.216	0.226	0.223	0.310	0.416	0.266
F	5.985	6.941	11.122	9.320	14.925	60.879

注：***、**、* 分别表示 T 检验 1%、5%、10% 的显著性水平。

6.4.3 稳健性检验

在本章上文的回归分析部分,我们用 HHI 指数衡量产品市场的竞争程度。然而,本章使用的 HHI 仅由上市公司计算得到,虽然具有一定规模和市场影响能力的企业一般都是上市公司,一定程度上减小了测量误差对实证检验结果的影响,但与真实的 HHI 相比可能还是存在一定的偏差。为保证研究结论的稳健性,我们还借鉴已有文献的做法,将同行业内上市公司数量取自然对数(LnN)作为衡量市场竞争程度的第二个指标进行了稳健性检验。LnN 值越大,表明该行业内竞争者数量越多,市场竞争越激烈。其中,由于制造业上市公司数量较多,我们对制造业以中国证监会行业分类标准前两位代码、其他行业则以前一位代码划分行业计算产品市场竞争变量。在验证产品市场竞争对股权激励动态效应的影响时,本研究以 LnN 的中位数为基准进行了分组回归,若某公司所在行业的 LnN 大于中位数,则该行业属于高竞争行业,否则该公司所在行业属于低竞争行业。

从样本总体的稳健性检验的结果可以看出,无论是以 ROA 还是以 Tobin's Q 为被解释变量,LnN 与 Incentive 的交乘项都显著为正,表明产品市场对股权激励与企业绩效之间的关系具有显著的正向调节作用。从股权激励动态效应的分组检验可以看出,产品市场竞争程度高的样本组股权激励实施后各年的绩效提升作用都高于市场竞争程度低的样本组,同时持续时间也长于竞争程度低的企业,表明产品市场竞争能强化股权激励的动态效应。类似的,在国有控股样本的回归结果中,产品市场竞争也能显著改善国有控股企业股权激励的实施效果,国有控股企业所处的产品市场竞争程度越高,股权激励的实施效果越好。综上表明本章的研究结论未受到产品市场竞争的代理变量选择的影响,研究结论是稳健的。

表 6.6　稳健性检验：市场竞争与股权激励的动态效应

变量	样本总体		市场竞争程度高组		市场竞争程度低组	
	ROA	Tobin's Q	ROA	Tobin's Q	ROA	Tobin's Q
Incentive	0.006**	0.191**				
	(2.36)	(2.46)				
Incen_year$_1$			0.001	0.184***	0.002	0.140
			(1.46)	(3.18)	(1.07)	(1.15)
Incen_year$_2$			0.006**	0.252***	0.004	0.214**
			(2.28)	(3.27)	(0.34)	(2.41)
Incen_year$_3$			0.016***	0.526***	0.009***	0.479**
			(3.31)	(3.07)	(2.48)	(2.04)
Incen_year$_4$			0.005**	0.346*	0.009*	0.235*
			(2.09)	(1.78)	(1.88)	(1.84)
Incen_year$_5$			0.004*	0.175**	0.001	0.184
			(1.68)	(1.96)	(1.47)	(1.29)
Incen_year$_6$			−0.000	0.137	−0.003	−0.170
			(−0.06)	(0.81)	(−0.34)	(−0.89)
Incentive · PC	0.003**	0.102**				
	(2.15)	(2.23)				
PC	0.002	0.090				
	(1.51)	(1.01)				
Lgroe	0.030*	1.526***	0.020	0.811***	0.040*	1.749***
	(1.67)	(4.30)	(0.74)	(2.88)	(1.69)	(2.88)
Lnasset	0.010**	−0.771***	0.015**	−0.687***	0.021***	−1.845**
	(2.20)	(−5.63)	(2.23)	(−2.83)	(2.74)	(−2.49)
Lev	−0.078***	0.152	−0.077***	−0.883*	−0.066**	3.243*
	(−6.28)	(0.48)	(−3.86)	(−1.74)	(−2.30)	(1.79)
Cashflow	0.129***	1.112***	0.090***	0.928*	0.180**	3.162
	(7.60)	(3.00)	(4.39)	(1.88)	(2.20)	(0.67)

续表

变量	样本总体		市场竞争程度高组		市场竞争程度低组	
	ROA	Tobin's Q	ROA	Tobin's Q	ROA	Tobin's Q
Lnpay3	0.021***	0.085	0.021***	0.016	0.012*	0.245
	(6.05)	(0.98)	(4.79)	(0.17)	(1.66)	(0.59)
Msr	−0.000*	−0.000***	−0.000	0.000	−0.000	−0.000*
	(−1.81)	(−5.13)	(−0.63)	(0.74)	(−1.22)	(−1.70)
Topone	0.034	−1.809*	0.070**	−0.423	−0.116	−13.641**
	(1.31)	(−1.94)	(2.13)	(−0.38)	(−1.57)	(−2.18)
HHI5	0.008	−0.080	−0.028	0.005	0.059	8.580
	(0.36)	(−0.14)	(−0.88)	(0.01)	(1.50)	(1.62)
Zindex	−0.000	0.005	−0.000	0.009***	−0.000	0.004
	(−0.13)	(1.54)	(−0.15)	(2.74)	(−0.78)	(0.62)
Dual	0.005	−0.003	0.014***	−0.094	0.010*	0.160
	(1.49)	(−0.04)	(2.71)	(−0.96)	(1.68)	(0.78)
Board	0.001	0.052*	0.002	0.016	−0.005**	0.036
	(1.09)	(1.90)	(1.15)	(0.37)	(−2.15)	(0.57)
Indboard	−0.027	1.995**	0.004	0.924	−0.139**	2.324
	(−0.83)	(2.53)	(0.09)	(0.83)	(−2.59)	(1.52)
State	−0.015*	−0.089	−0.018*	−0.116	−0.001	−0.517
	(−1.93)	(−0.60)	(−1.89)	(−0.42)	(−0.03)	(−1.38)
Cons	−0.474***	18.439***	−0.532***	14.909***	−0.473***	38.677***
	(−4.11)	(5.51)	(−3.56)	(3.09)	(−3.13)	(3.58)
N	3 790	3 790	1 779	1 779	2 011	2 011
R^2	0.154	0.318	0.127	0.240	0.162	0.164
F	12.326	24.323	6.697	10.251	5.725	8.795

注：***、**、*分别表示 T 检验 1%、5%、10%的显著性水平。

表 6.7　稳健性检验：国有控股、市场竞争与股权激励的动态效应

变量	国有控股企业		市场竞争程度高组		市场竞争程度低组	
	ROA	Tobin's Q	ROA	Tobin's Q	ROA	Tobin's Q
Incentive	−0.004	−0.114*				
	(−1.08)	(−1.69)				
Incen_year$_1$			0.005	0.150	−0.001	−0.204
			(0.98)	(1.18)	(−0.16)	(−1.11)
Incen_year$_2$			0.007**	0.328**	−0.004	−0.064
			(2.10)	(2.22)	(−0.42)	(−0.29)
Incen_year$_3$			0.012***	0.524***	0.009	0.066
			(3.10)	(3.31)	(0.99)	(0.34)
Incen_year$_4$			0.005***	0.258*	0.004*	0.173*
			(2.58)	(1.79)	(1.74)	(1.66)
Incen_year$_5$			0.009	0.018	−0.006	−0.241*
			(1.07)	(0.12)	(−0.49)	(−1.87)
Incen_year$_6$			0.002	−0.010	−0.002	−0.001
			(0.29)	(−0.08)	(−0.16)	(−0.10)
Incentive · PC	0.006*	0.224**				
	(1.86)	(2.46)				
PC	0.002	0.095				
	(1.30)	(0.84)				
Lgroe	0.089**	1.111**	0.087	0.540	0.036	0.730
	(2.58)	(2.01)	(1.56)	(1.13)	(0.92)	(1.16)
Lnasset	0.004	−0.384**	0.009	−0.176	0.001	−0.468*
	(0.50)	(−2.05)	(0.63)	(−0.68)	(0.10)	(−1.77)
Lev	−0.061**	−0.631	−0.081*	−0.573	−0.062*	−0.533
	(−2.45)	(−1.16)	(−1.87)	(−0.98)	(−1.85)	(−0.64)
Cashflow	0.059*	1.223**	0.047	0.510	0.126***	1.263*
	(1.83)	(2.28)	(0.98)	(0.76)	(2.86)	(1.67)

续表

变量	国有控股企业		市场竞争程度高组		市场竞争程度低组	
	ROA	Tobin's Q	ROA	Tobin's Q	ROA	Tobin's Q
Lnpay3	0.023***	0.016	0.012	−0.131	0.016	0.099
	(3.01)	(0.13)	(1.43)	(−1.04)	(1.62)	(0.33)
Msr	−0.000**	−0.000***	−0.000	−0.000	−0.000	−0.000***
	(−1.99)	(−2.90)	(−1.45)	(−0.19)	(−1.23)	(−5.04)
Topone	0.006	−0.929	−0.013	−0.254	−0.115	−3.898*
	(0.12)	(−1.03)	(−0.27)	(−0.31)	(−1.40)	(−1.87)
HHI5	−0.014	−0.555	−0.052	0.026	0.022	−0.824
	(−0.41)	(−0.52)	(−1.11)	(0.03)	(0.38)	(−0.44)
Zindex	−0.000	−0.001	−0.000	−0.002	−0.000	−0.000
	(−1.13)	(−0.14)	(−1.46)	(−0.25)	(−1.13)	(−0.15)
Dual	0.014	−0.276	0.021**	0.100	−0.008	−0.700
	(1.43)	(−0.86)	(2.58)	(0.72)	(−0.77)	(−1.07)
Board	0.005	0.081	0.000	0.082	0.004	0.008
	(1.14)	(1.31)	(0.04)	(1.54)	(0.69)	(0.10)
Indboard	−0.018	0.125	−0.014	1.400	−0.034	−0.469
	(−0.18)	(0.11)	(−0.25)	(1.21)	(−0.27)	(−0.29)
Cons	−0.408**	10.809***	−0.283	6.728	−0.178	13.076*
	(−1.99)	(2.92)	(−0.90)	(1.25)	(−0.56)	(1.97)
N	612	612	300	300	312	312
R^2	0.198	0.283	0.149	0.228	0.151	0.269
F	6.861	10.710	6.215	12.107	19.044	4.846

注：***、**、*分别表示 T 检验 1%、5%、10%的显著性水平。

6.5　发现与讨论

　　本章从制度环境的宏观层面出发,结合我国特殊的制度情境,重点考察了国有控股和市场竞争对股权激励动态效应的影响。研究发现:国家控股对股权激励与企业绩效具有反向调节作用,削弱了股权激励的实施效果,相较于非国有控股企业,国有控股企业实施股权激励后的绩效提升作用较弱,持续时间较短,且存在为期两年的滞后效应;产品市场的竞争程度对股权激励与企业绩效的关系具有显著的正向调节作用,在市场竞争程度高的企业中,股权激励具有五年的持续激励效应,而在市场竞争程度低的企业中,股权激励不仅绩效提升作用更弱,且只能持续两年时间;进一步考察产品市场竞争对国有企业股权激励实施效果的影响,发现市场竞争能增强股权激励与企业绩效之间的正相关关系,有效地提高国有控股企业股权激励的实施效果,在产品市场竞争程度低的国有控股企业中,股权激励在整个评估期间内都未表现出显著的激励效果,而市场竞争程度高的国有控股企业则存在为期三年的绩效提升效应。

　　本章的研究结果表明制度环境是股权激励发挥作用的重要前提,在实施股权激励计划时还应重视产权制度和市场竞争等基础制度环境的改善。首先,要进一步推进国有控股企业混合所有制的改革进程,明晰国有控股企业的产权归属,减少政府对国有企业的政策支持和行业保护,减少企业的政策性负担,建立市场导向的选人用人和激励约束机制,以增强高管激励与企业绩效之间的相关性。同时,监管当局应该减少对于国有企业股权激励设计的行政干预和监管限制,改善股权激励的管制环境和监管重点,适当放宽政策红线,缩短沟通链条,降低推行难度,尽可能简化股权激励的相关监管规则,缩短激励方案的审批时间,提高激励政策的时效性。其次,充分的市场竞争是股权激励发挥预期作用的基本保障,针对我国产品市场竞争程度的行业异质性特征,要进一步推进市场化改革进程,完善产品市场竞争机制,降低行业进入壁垒,规范行业竞争秩序,打破人为的市场分割和行业垄断,营造开放、公平、透明的市场竞争环境,以充分发挥外部市场竞争的治理作用,为股权激励的有效实施提供必要的制度环境保障。最后,在市场经济转轨的过程中,国有企业也衍生出了许多异质性特征,有的国有控股企业具有行业垄断地位,有的企业却处于激烈的产业竞争环境之中,因此对国有企业股权激励的实施应保持谨慎、区别对待。对于从事一般性竞争业务的国有企业,应积极鼓励股权激励的实施,使经营者与企业共担竞争风险、共享经营收益,以激发国有企业的活力,实现国有资产的保值增值;对于从事自然垄断、行政垄断业务,或者具有国家特许经营资质和政策性的国有企业,企业绩效与员工努力的相关性不高,或难以识别和界定,应该科学、谨慎地评估实施股权激励的必要性,严格设置激励条款,以防止股权激励沦为向高管输送利益的工具,造成国有资产的流失。

第7章

研究结论、启示与展望

7.1　研究结论

本研究基于长期的研究视角,在考察股权激励对企业绩效动态影响的基础上,检验微观层面适应性、激励性和约束性等契约条款设置,中观层面大股东控制和董事会治理等公司治理机制,宏观层面国有控股和产品市场竞争等制度环境因素对股权激励动态效应的影响机制和作用效果。主要研究结论如下:

第一,基于委托代理理论和长期的研究视角,本研究运用中国 2006—2014 年上市公司的数据,就股权激励对企业绩效的动态影响进行评估。研究发现:股权激励不仅整体上能显著提高企业的绩效表现,还具有明显的动态效应。具体而言,在经过一年的滞后期后,股权激励在实施后的第二年至第四年表现出了三年的持续绩效提升作用,且时间分布上表现了先升后降的倒"U"形特征,在实施后的第三年达到了最佳激励效果。进一步考察了股权激励对企业盈余管理的影响,发现股权激励实施组与未实施组之间的应计盈余管理水平没有显著差异,实施组的真实盈余管理水平还显著低于控制组的水平,且剔除公司绩效中的盈余管理噪音后,股权激励对企业绩效的动态影响依旧存在,表明股权激励的动态效应是真实的业绩提升,而不是盈余管理的结果。最后,内在影响机制的研究还发现股权激励是通过利益协同效应、风险承担效应和金手铐效应这三个可能的渠道驱动企业绩效动态增长的。本研究为全面评估我国股权激励制度的实施效果,揭开股权激励与企业绩效关系的"黑箱"提供了新的研究视角和经验证据,也为提高股权激励的实施效果提供了政策启示。

第二,基于委托代理理论,结合契约理论的基本观点,本研究从微观契约设置层面考察了关键契约条款的选择和组合对股权激励动态效应的影响。研究发现:相较于短期激励效果更好的限制性股票,股票期权的长期绩效提升作用更佳,持续时间更长;激励力度越大、激励对象越多,股权激励对企业绩效的提升作用越强,持续期也越久,激励性较弱的契约安排则不存在明显的动态效应;激励条件严格、期限长的契约能实现更强、更持久的绩效提升作用,缺乏约束性的方案仅存在短期效果,且在实施后的第四年出现业绩反转,显现出显著负效应。进一步的研究发现"高激励+强约束"的条款组合能实现最佳激励效果,表明股权激励效应不是某项条款单独作用的结果,而是各契约条款相互搭配、协同作用的综合效益。本研究表明,以关键契约条款的选择为前提,科学组合契约条款,是股权激励发挥动态效应的关键。

第三,基于委托代理理论,结合治理束理论的基本观点,本研究从中观公司治理层面考察了大股东控制、董事会治理及两者的交互作用对股权激励动态效应的影响。研究发现:相对于股权结构分散或过于集中的公司,股权激励对存在大股东控制且控制程度较低的企业具有更强、更持久的绩效提升作用;董事会治理能强化股权激励与企业绩效之间的动态关系,独立董事比例的提高和董事长与总经理的两职分离能显著提高股权激励的绩效提升效应和持续时间。进一步考察大股东与董事会在股权激励效应实现过程中的交互治理效应,发现董事会治理能弥补控股股东缺位导致的监督不足,显著改善股权分散企业股权激励的效果;但大股东控制程度的提高会削弱董事会对股权激励效应的治理作用,在控股股东持股比例较高的样本中,董事会的治理机制失效。本研究表明,适当的大股东控制和完善的董事会治理是股权激励发挥动态效应的前提。

第四,基于委托代理理论,结合制度理论的基本观点,本研究从宏观制度层面考察了国有控股和市场竞争对股权激励动态效应的影响。研究发现:国家控股削弱了股权激励的实施效果,相较于股权激励效应更强、更持久的非国有控股企业,国有控股企业股权激励的绩效提升作用较弱,持续时间较短,且存在为期两年的滞后效应;产品市场竞争能强化股权激励的动态效应,在市场竞争程度高的行业中,股权激励具有五年的持续激励效应,而在市场竞争程度低的行业中,股权激励不仅绩效提升作用更弱,且只能持续两年时间。进一步考察产品市场竞争对国有企业股权激励实施效果的影响,发现市场竞争能有效地提高国有控股企业股权激励的实施效果,对于产品市场竞争程度低的国有控股企业,股权激励在整个评估期间内都未表现出显著的激励效果,而市场竞争程度高的国有控股企业则存在为期三年的持续激励效应。本研究结论表明,深化国有企业产权制度改革、完善产品市场竞争,是股权激励发挥动态效应的保障。

7.2　理论贡献

本研究的研究对理解股权激励的实施效果和相关影响因素提供了新的研究视角和经验证据,对该领域研究的进一步深化和扩展具有重要的理论意义。

第一,虽然目前不少实证研究都发现股权激励对企业绩效具有提升作用,但囿于数据期限和计量识别策略,他们对激励效应的研究均是在短期的视角下评估其短期或平均意义上的绩效提升作用。股权激励被誉为公司治理体系中的长效激励机制,对企业绩效的影响往往是动态的、持续的和长期性的,本研究首次在长期的绩效评估框架下,对股权激励实施企业进行长期追踪研究,检验了股权激励整体上的平均激励效应,同时,还重点考察了股权激励对企业绩效的动态影响,即股权激励效应的持续性和在时间分布上的动态特征问题,响应了 Bebchuk 和 Fried(2010)、Chen 和 Lee(2010)、Chen 和 Ma(2011)等学者关于扩展股权激励效应评估窗口的呼吁,更符合股权激励长期导向的基本属性,也能更全面地捕捉到股权激励的实施效果。因此,本研究长期、动态的研究思路也许能为目前迥异的研究结论提供一个合理的解释视角,一定程度上拓展和深化了股权激励效应领域的研究,也为股权激励制度实施效果的评估提供了新的思路和证据。

第二,识别相关的情境因素是认识股权激励机制为何、何时以及如何发挥作用的关键所在,但目前大多数实证研究都是基于传统的委托代理理论,通过检验股权激励与公司绩效的直接关系来推断其实施效果,对激励效应的影响因素也主要从企业基本特征方面展开。本研究基于委托代理理论,在考察股权激励对企业绩效动态影响的基础上,还进一步结合了契约理论、治理束理论和制度理论的基本观点,分别从微观的契约条款层面、中观的公司治理层面和宏观的制度环境层面挖掘了影响股权动态激励效应的潜在因素和边界条件,研究结论也表明股权激励的有效性具有高度的情境依赖性,这为厘清股权激励与企业绩效之间的关系、打开股权激励效应的黑箱提供了多重理论视角,丰富了股权激励效应影响因素的研究,对中国特殊背景下的股权激励实施效果的改善也具有一定的现实指导意义。

第三,虽有研究指出我国上市公司股权激励的实施行为存在选择性偏误问题,但目前的实证研究在检验股权激励实施效果时大多直接采用多元回归的方法,实证结果可能存在较大的偏误。在研究方法方面,本研究在进行多元回归分析之前,先运用倾向得分匹配法对研究样本进行了合理的筛选和控制,考虑到了股权激励实施行为的内生性问题,一定程度上减轻了研究样本的选择性偏误问题,提高了估计结果的准确性和可靠性,所得结论更具稳健性。

7.3 实践启示

本研究发现股权激励在长期视角下对企业绩效存在动态影响,但股权激励的动态效应具有高度的情境依赖性,只有合理的契约条款设置、良好的公司治理制度和完善的外部制度环境才能保障股权激励动态效应的发挥。因此,本研究的研究不仅有助于系统评估我国股权激励制度的实施成效,还为股权激励的进一步推广和实施效果的改善提供了有益的政策启示。

第一,要遵循长期导向原则,进一步在上市公司中推行股权激励制度。(1)本研究发现股权激励对企业绩效的影响不是一时性的,而是具有明显的动态性,说明整体而言,股权激励是一套能促进企业绩效持续增长的长效激励机制,而不是高管的短期福利计划或套现造福的手段和工具,肯定了我国股权激励制度的实施效果,因此,在我国上市公司完善法人治理机制的过程中,尤其是在混合所有制的改革进程中,应进一步推广股权激励制度,以充分发挥股权激励的积极作用。(2)企业在股权激励的设计、授予、实施和评估等各个环节,应该严格遵循长期导向的基本原则,以公司的长远发展和绩效的持续提升为根本目标,对激励对象进行持续、动态的业绩考核,以充分发挥这一长期治理机制的动态效应。(3)我们发现股权激励效应并非是平滑稳定的,而是随着时间的推移,存在先上升、后下降、最后逐渐不显著的倒"U"形特征,在实施后的第二年至第三年对企业绩效的提升作用最大,这表明股权激励的实施并不是一劳永逸的,而是一个具有连续性、循环性和持续性的系统工程。为实现预期的长效激励,尽可能地减轻股权激励的滞后和减弱效应,使激励效应尽量保持在较高的水平,企业不能把股权激励的授予看作"一锤子买卖",而应该根据企业的发展需要按照一定的节奏滚动实施、持续优化和动态调整。

第二,在微观层面,企业要以股权激励契约结构的合理适用性为理念,以关键契约条款的选择为前提,通过多角度的契约条款组合设计来保证激励契约的有效性。(1)就适应性条款而言,不同激励方式有不同的适用情形和激励作用,因此要理性选择股权激励模式。就绩效提升作用而言,企业应优先选用股票期权应模式,但也应综合考虑市场和行业的特点,特别是在股市深度调整,很多股票期权成为"潜水期权"的情况下,为实现激励目标,企业可考虑运用多种激励模式组合的形式来构建有效的激励计划。(2)就激励性条款而言,公司应根据企业控制权和薪酬体系情况适当加大激励力度,以避免因激励不足导致的激励效果不佳,但激励的力度应该与激励对象所在岗位、历史贡献和未来的价值创造能力相匹配,警惕过度激励导致的内部人控制问题。同时,上市公司应该有针对性地选择激励对象,做到分层激励、分槽喂马,但激励范围不应仅仅集中于少数几个高级管理者,要重视高管层内部的公平问题,为公司的发展提供关键性资源或承担公司重大风险的主体都应成为股权激励的激励对象。(3)就限制性条款而言,要完善股权激励的业绩考核指标体系,财务指标与非财务指标并用,静态指标和动态指标并重,尤其是要以企业的长远发展为根本目标,制定具有挑战性的激励条件,对激励对象进行持续、动态的业绩考核,以充分发挥这一长效治理机制的激励作用。此外,应适度延长激励期限,设定相对较长的等待期或行权期,采取分层分批的行权方式来降低每期行权的数量,以实现股权激励的时间约束效应,克服激励对象的行为短期化倾向,让激励对象的行权收益锁定在未来,有效保证股权激励的长期性。(4)股权激励对企业绩效的动态提升作用并不是某项条款单独作用的结果,而是各个条款相互搭配、协同作用的综合效应,因此应该充分考察激励性和约束性契约条款搭配和组合的影响,积极发挥各契约条款之间的协同或者互补作用。

第三,在中观层面,要完善公司治理机制,充分发挥股东和董事会的监督和治理作用。(1)应当充分重视控股股东监督和侵占等不同行为动机对股权激励效应的影响,股权分散时需警惕内部经理人的薪酬寻租行为,充分发挥外部股东和董事会的监督作用;股权集中时要留意控股股东与经理层的合谋分租行为,尤其是在我国目前投资者保护不足的情况下,应该优化股权结构,完善公司内部股东之间的权力制衡与约束机制,压缩控制大股东和经理层间的合谋寻租空间,防止股权激励异化为大股东对管理层赎买的工具。(2)要积极发挥董事会的监督作用,完善独立董事选聘制度和董事的长期激励机制,增加独立董事比例,从根本上提高董事会的独立性,同时实行董事长与总经理分任,加强对内部人权力的约束和制衡,以堵住高管权力薪酬寻租的路径。(3)大股东的控制程度是董事会能否发挥监督作用的重要前提,当大股东的控制程度较高时,董事会很难在股权激励效应的实现过程中真正独立、公允地发挥监督和治理作用,甚至完全听命于控股股东,成为实际意义上的“橡皮图章”,因此要建立健全约束大股东行为的组织结构和规章制度,完善董事的选举任命制度,突出中小投资者在董事会组建过程中的意愿表达机制和话语权,防止大股东“呼风唤雨”的行为,切实保障存在大股东控制时董事会的独立性和有效性。

第四,在宏观层面,要健全外部制度环境,深化产权制度改革,完善产品市场竞争机制。(1)要进一步推进国有控股企业混合所有制的改革进程,明晰国有控股的产权归属,减少政府对国有企业的政策支持和行业保护,减少企业的政策性负担,建立市场导向的选人用人和激励约束机制,以增强高管激励与企业绩效之间的相关性。同时,监管当局应该减少对于国有企业股权激励设计的行政干预和监管限制,改善股权激励的管制环境和监管重点,适当放宽政策红线,缩短沟通链条,降低推行难度,尽可能简化股权激励的相关监管规则,缩短激励方案的审批时间,提高激励政策的时效性。(2)充分的市场竞争是股权激励发挥预期作用的基本保障,针对我国产品市场竞争程度的行业异质性特征,要进一步推进市场化改革进程,完善产品市场竞争机制,降低行业进入壁垒,规范行业竞争秩序,打破人为的市场分割和行业垄断,营造开放、公平、透明的市场竞争环境,以充分发挥外部市场竞争的治理作用,为股权激励的有效实施提供必要的制度环境保障。(3)在市场经济转轨的过程中,国有企业也衍生出了许多异质性特征,有的国有控股企业具有行业垄断地位,有的企业却处于激烈的产业竞争环境之中,因此对国有企业股权激励的实施应保持谨慎、区别对待。其中,对于从事一般性竞争业务的国有企业,应积极鼓励股权激励的实施,使经营者与企业共担竞争风险、共享经营收益,以激发国有企业的活力,实现国有资产的保值、增值;对于从事自然垄断、行政垄断业务,或者具有国家特许经营资质和政策性的国有企业,企业绩效与员工努力的相关性不高,或难以识别和界定,应该科学、谨慎地评估实施股权激励的必要性,严格设置激励条款,以防止股权激励沦为向高管输送利益的工具,造成国有资产的流失。

7.4　局限与展望

受笔者时间、精力和研究条件等方面的限制,本研究也存在以下几个方面的局限与不足,值得未来进一步探索。

第一,本研究发现股权激励的绩效提升作用具有持续性且在时间分布上呈现了先升后降的倒"U"形特征,但本研究并未挖掘出股权激励动态效应实现过程中的内在传导机制和作用机理,股权激励为何存在滞后效应,在时间分布上为何不是平滑稳定的,本研究并未对这些关键问题做出实证上的探究和解答。此外,股权激励效应的实现是一个循序渐进的系统过程,中间存在着复杂的作用路径和传导机制,如企业的研发投资、创新行为和高管的风险承担等,本研究只考察了股权激励对企业最终财务绩效的影响,尚未关注股权激励对企业和高管行为的影响,虽然得到了许多有益结论,但存在逻辑跳跃的问题,未能清晰还原股权激励影响企业绩效的潜在路径和内在方式。根据行为逻辑理论,动机产生行为,行为促成结果,股权激励是否以及如何影响企业或管理者的行为,最终又如何通过这些行为反映到企业绩效的动态变化上,对这些问题的探讨无疑具有重要的理论意义与现实价值。因此,股权激励影响企业绩效过程中的中介传导机制挖掘与识别,将是我们未来一个有待进一步探索的方向。

第二,对股权激励效应影响因素的探讨还需要进一步细化和拓展。(1)本研究第四章对激励契约条款的考察主要涉及激励模式、力度、对象、条件和期限五大要素,对行权价格、股票和资金来源、预留条款、组合型激励模式等其他契约要素尚缺乏深入研究。(2)除激励性和约束性条款外,其他契约条款之间可能也存在着协同或者互补关系,且不同条款在激励契约中的重要程度也可能存在差异,本研究对契约条款之间的组合和搭配问题只做了初步的研究,还有很大的探讨空间。(3)作为国外发展较为成熟的治理机制,股权激励作为一项移植性制度创新引入我国的时间不久,而我国正处于经济转型时期,上市公司实施股权激励有着不同于西方国家的制度背景及历史文化、价值观,但本研究第六章对股权激励实施效应制度层面上的影响因素主要集中在国有控股和市场竞争两个方面,而未涉及我国的历史文化、价值观和政治制度等,未来对制度环境影响的研究应进一步向社会、历史、文化和政治制度等宏观层面延伸。(4)本研究未能考虑激励对象的异质性问题,在研究的过程中假设高管的个性特征都是同质化的,他们在行为方式和价值观念等方面不存在差异,这显然与现实不符。高层梯队理论指出,管理层并非是同质的,不同背景特征的管理者对企业的行为决策和经济后果会产生不同的影响,故而不考虑管理层的异质性特征来研究股权激励的动态效应可能难以得到有效的研究结论,因此,在未来的研究中,应进一步考察激励对象的年龄、性别、学历等异质性特征的影响。

第三,股权激励本质上属于公司治理的范畴,而公司治理机制实际上是一个联动系统,各个层次的调节因素之间必然存在着复杂的交互影响,很多研究指出了探究不同层面影响因素对公司治理效应可能存在的交互影响的重要性(Ward 等,2009;Misangyi 和 Acharya,2014;Yoshikawa 等,2014)。本研究虽然考察了契约条款、治理机制和制度环境对股权激励效应的影响,但这三个层次的探讨彼此都较为独立,没能将这些不同层次的影响因素纳入一个统一的分析框架进行整合分析,难免有失偏颇。宏观制度层面的因素往往是通过调节中观和微观层面的因素效应来影响股权激励的实施效果的,各个层面之间可能存在着传导互动的机制。此外,三个层面的影响机制是密切联系的,三者相互作用共同构成了一个完善的股权激励效应保障体系,因此,不同层次的影响因素之间也可能存在着互补或替代等交互效应。在未来的研究中,构建一个整合的逻辑研究框架,进一步识别不同层面影响因素在股权激励效应实现过程中的传导互动机制,以及相互之间的互补或替代关系,将使本研究的研究更加完整,也使研究结论更有实践指导意义。

第四,本研究的核心关切是股权激励的动态效应问题,研究需要较长时间的面板数据,但(1)我国 2006 年才出现了真正意义上的股权激励制度,且企业实施股权激励的进程不一致,从 2010 年起,A 股公司才开始大范围实施股权激励计划,导致股权激励实施后的第五年和第六年的数据相对较少,虽然我们在第三章已经运用了自抽样的方法进行了处理,但研究数据期限较短的缺憾可能会影响到研究结论的稳健性。在未来的研究中,随着股权激励实施进程的不断推进、样本量的增加和时间跨度的拉长,还需继续对股权激励的动态效应进行跟踪考察,以验证研究结论的可靠性。(2)受限于计量识别策略,本研究在第三章、第五章和第六组均仅选用了是否实施股权激励的虚拟变量作为股权激励的衡量指标,这一做法可能过于粗略,没能充分考虑到现实中股权激励契约的复杂性,可能一定程度上影响了研究结论的稳健性和实践指导意义,随着今后计量方法的改进,激励模式、激励对象和激励力度等因素都应逐渐纳入回归模型中。(3)本研究第五章用第一大股东的持股比例来衡量大股东的控制程度,然而在中国这样的金字塔结构普遍的新兴市场中,股东可以通过较少的现金流权来控制投票权,从而成为公司事实上的控制者,因此,第一大股东持股比例可能难以度量出大股东控制的实质。(4)由于研究主题的特殊性,我们主要采用了分组回归的方法来检验股权激励动态效应的影响因素,在方法上也存在一定的局限。因此,在未来的研究中,核心变量还需更准确地衡量,在计量方法方面也还有很大的改进空间。

参考文献

［1］Aggarwal,R.K., & Samwick,A.A.Empire-builders and shirkers: Investment,firm performance,and managerial incentives.Journal of Corporate Finance,2006,12(3):489-515.

［2］Aguilera,R.V., & Crespi,C.R.Global corporate governance: On the relevance of firms' ownership structure.Journal of World Business, 2016,51(1):50-57.

［3］Aguilera,R.V.,Filatotchev,I., & Gospel,H.An organizational approach to comparative corporate governance: Costs, contingencies, and complementarities.Organization science,2008,19(3):475-492.

［4］Alchian, A.A., & Demsetz, H.Production, information costs, and economic organization. The American Economic Review, 1972, 62 (5): 777-795.

［5］Armstrong,C.S.,Jagolinzer,A.D., & Larcker,D.F.Chief executive officer equity incentives and accounting irregularities. Journal of Accounting Research,2010,48(2):273-287.

［6］Armstrong,C.S., & Vashishtha,R.Executive stock options,differential risk-taking incentives, and firm value. Journal of Financial Economics,2012,104(1):70-88.

［7］Balsam, S., & Miharjo, S.The effect of equity compensation on voluntary executive turnover.Journal of Accounting and Economics,2007, 43(1):95-119.

［8］Bebchuk,L.A.,Fried,J.M., & Walker,D.I.Managerial power and rent extraction in the design of executive compensation.The University of Chicago Law Review,2002,69(3):751-846.

［9］Bebchuk,L.A., & Fried,J.M.Executive compensation as an agency problem.Journal of Economics Perspectives,2003,17(3):71-92.

[10]Bebchuk,L.A.,& Fried,J.M.Pay without performance:Overview of the issues.Journal of applied corporate finance,2005,17(4):8-23.

[11]Bebchuk,L.A.Pay without performance:The unfulfilled promise of executive compensation.Harvard University Press,2009.

[12]Bebchuk,L.A.,& Fried,J.M.How to tie equity compensation to long-term results. Journal of Applied Corporate Finance, 2010, 22 (1): 99-106.

[13]Bebchuk,L.A.,Grinstein,Y.,& Peyer,U.Lucky CEOs and lucky directors.The Journal of Finance,2010,65(6):2363-2401.

[14] Becker, S. O., & Ichino, A. Estimation of average treatment effects based on propensity scores.Stata Journal,2002,2(4):358~377.

[15]Benmelech,E.,Kandel,E.,& Veronesi,P.Stock-based compensation and CEO(dis)incentives.The Quarterly Journal of Economics,2010, 125(4):1769-1820.

[16]Berle,A.A.,& Means,G.C.The modern corporation and private property.New York:Macmillan,1932.

[17]Bertrand,M.,& Mullainathan,S.Are CEOs rewarded for luck? The ones without principals are.Quarterly Journal of Economics,2001,116 (3):901-932.

[18]Bettis,C.,Bizjak,J.,& Coles,J.Stock and option grants with performance-based vesting provisions. Review of Financial Studies, 2010, 23 (10):3849-3888.

[19] Bhagat, S., & Romano, R. Reforming executive compensation: Simplicity,transparency and committing to the long-term.European Company and Financial Law Review,2010,7(2):273-296.

[20] Boyd, B.K. CEO duality and firm performance: A contingency model.Strategic Management Journal,1995,16(4):301-312.

[21]Brickley, J. A., Coles, J. L., & Jarrell, G. Leadership structure: Separating the CEO and chairman of the board.Journal of Corporate Finance,1997,3(3):189-220.

[22]Bryan,S.,Hwang,L.S.,& Lilien,S.CEO Stock-based compensa-

tion：An empirical analysis of incentive-intensity，relative mix，and economic determinants．The Journal of Business，2000，73(4)：661-693.

[23]Burkart，M.，Panunzi，F.，& Shleifer，A．Family firms．The Journal of Finance，2003，58(5)：2167-2202.

[24]Cadman，B.，& Sunder，J．Investor horizon and CEO horizon incentives．The Accounting Review，2014，89(4)：1299-1328.

[25]Campbell，C.J.，Chang，R.P.，& De J.J．The Impact of CEO long-term equity-based compensation incentives on economic growth in collectivist versus individualist countries．Asian Economic Papers，2016，15(2)：109-133.

[26]Carter，M.E.，Lynch，L.J.，Zechman，S.L.C．Changes in bonus contracts in the post-Sarbanes-Oxley era．Review of Accounting Studies，2009，14(4)：480-506.

[27]Chang，X.，Fu，K.，& Low，A．Non-executive employee stock options and corporate innovation．Journal of Financial Economics，2015，115(1)：168-188.

[28]Chen，Y.R.，& Lee，B.S．A dynamic analysis of executive stock options：Determinants and consequences．Journal of Corporate Finance，2010，16(1)：88-103.

[29] Chen，Y. R.，& Ma，Y．Revisiting the risk-taking effect of executive stock options on firm performance．Journal of Business Research，2011，64(6)：640-648.

[30]Cheng，Q.，& Warfield，T.D．Equity incentives and earnings management．The accounting review，2005，80(2)：441-476.

[31]Conyon，M.J.，& He，L．CEO compensation and corporate governance in China．Corporate Governance：An International Review，2012，20(6)：575-592.

[32]Conyon，M.J.，& Peck，S.I．Board control，remuneration committees，and top management compensation．Academy of Management Journal，1998，41(2)：146-157.

[33]Conyon，M.J．Executive compensation and board governance in US firms．The Economic Journal，2014，124(574)：60-89.

[34]Cronqvist, H., & Fahlenbrach, R. CEO contract design: How do strong principals do it?. Journal of Financial Economics, 2013, 108 (3): 659-674.

[35]De La Bruslerie, H., & Deffains-Crapsky, C. Information asymmetry, contract design and process of negotiation: The stock options awarding case. Journal of Corporate Finance, 2008, 14(2):73-91.

[36] Dechow, P. M., & Sloan, R. G. Executive incentives and the horizon problem: An empirical investigation. Journal of Accounting and Economics, 1991, 14(1):51-89.

[37]DeFusco, R. A, Zorn, T. S., & Johnson, R. R. The association between executive stock option plan changes and managerial decision making. Financial Management, 1991, 20(1):36-43.

[38]Dehejia, R. H., & Wahba, S. Propensity score-matching methods for nonexperimental causal studies. Review of Economics and statistics, 2002, 84(1):151-161.

[39]Demsetz, H., & Lehn, K. The structure of corporate ownership: Causes and consequences. Journal of Political Economy, 1985, 93 (6): 1155-1177.

[40] Desender, K. A., Aguilera, R. V., & Crespi, R. When does ownership matter? Board characteristics and behavior. Strategic Management Journal, 2013, 34(7):823-842.

[41]Deutsch, Y., Keil, T., & Laamanen, T. A dual agency view of board compensation: The joint effects of outside director and CEO stock options on firm risk. Strategic Management Journal, 2011, 32(2):212-227.

[42]DiMaggio, P.J., & Powell, W.W. The new institutionalism in organizational analysis. Chicago: University of Chicago Press, 1991.

[43]Dittmann, I., Maug, E., & Spalt, O. Sticks or carrots? Optimal CEO compensation when managers are loss averse. The Journal of Finance, 2010, 65(6):2015-2050.

[44]Dong, J. & Gou, Y. Corporate governance structure, managerial discretion, and the R&D investment in China. International Review of Economics & Finance, 2010, 19(2):180-188.

[45] Erickson, M., Hanlon, M., & Maydew, E. L. Is there a link between executive equity incentives and accounting fraud?. Journal of Accounting Research, 2006, 44(1): 113-143.

[46] Fama, E. F., & Jensen, M. C. Agency problems and residual claims. Journal of Law and Economics, 1983, 26(2): 327-349.

[47] Fang, H., Nofsinger, J. R., & Quan, J. The Effects of employee stock option plans on operating performance in Chinese firms. Journal of Banking & Finance, 2015 54(9): 141-159.

[48] Filatotchev, I., & Allcock, D. Corporate governance and executive remuneration: A contingency framework. Academy of Management Perspectives, 2010, 24(1): 20-33.

[49] Finkelstein, S., & Hambrick, D. C. Strategic leadership: Top executives and their effects on organizations. South-Western Pub, 1996.

[50] Gao, Z., Huang, Y., & Wu, W. T. Contractual features of performance-vested executive equity compensation. Woring Paper, 2014.

[51] Gopalan, R., Milbourn, T., & Song, F. Duration of executive compensation. The Journal of Finance, 2014, 69(6): 2777-2817.

[52] Griffith, J. M. CEO ownership and firm value. Managerial and Decision Economics, 1999, 20(1): 1-8.

[53] Grossman, S. J., & Hart, O. D. The Costs and benefits of ownership: A theory of vertical and lateral integration. The Journal of Political Economy, 1986, 94(4): 691-719.

[54] Hall, B. J., & Murphy, K. J. Optimal exercise prices for executive stock options. The American Economic Review, 2000, 90(2): 209-214.

[55] Hall, B. J., & Murphy, K. J. The trouble with stock options. Journal of Economic Perspective, 2003, 17(3): 49-70.

[56] Hanlon, M., Rajgopal, S., & Shevlin, T. Are executive stock options associated with future earnings?. Journal of Accounting and Economics, 2003, 36(1): 3-43.

[57] Hanson, R. C., & Song, M. H. Managerial ownership, board structure, and the division of gains in divestitures. Journal of Corporate Finance, 2000, 6(1): 55-70.

[58]Hart,O.,& Moore,J.Property rights and the nature of the firm. Journal of Political Economy,1990,98(6):1119-1158.

[59] Hart, O. Firms, contracts, and financial structure. Clarendon Press,1995.

[60]Heron, R.A., & Lie, E. What fraction of stock option grants to top executives have been backdated or manipulated?.Management Science, 2009,55(4):513-525.

[61]Holderness,C.G.,& Sheehan,D.P.The role of majority share-holders in publicly held corporations:An exploratory analysis.Journal of Financial Economics,1988,20(1-2):317-346.

[62]Holmstrom,B.R.,& Tirole,J.The theory of the firm.Handbook of Industrial Organization,1989,1:61-133.

[63] Holmstrom, B., & Milgrom, P. Multitask principal-agent analyses:Incentive contracts,asset ownership,and job design.Journal of Law,Economics,& Organization,1991,7(S):24-52.

[64]Holmstrom,B.Moral hazard and observability.The Bell Journal of Economics,1979,10(1):74-91.

[65]Holmstrom,B.Moral hazard in teams.The Bell Journal of Economics,1982,13(2):324-340.

[66]Hoskisson,R.E.,Castleton,M.W.,& Withers,M.C.Complemen-tarity in monitoring and bonding:More intense monitoring leads to higher executive compensation.The Academy of Management Perspectives,2009, 23(2):57-74.

[67] Hu, F., Tan, & W., Xin, Q. How do market forces affect executive compensation in Chinese state-owned enterprises?. China Economic Review,2013,25(1):78-87.

[68] Jensen, M.C. The modern industrial revolution, exit, and the failure of internal control systems.The Journal of Finance,1993,48(3): 831-880.

[69]Jensen,M.C.,& Meckling,W.H.Theory of the firm:Managerial behavior,agency costs and ownership structure.Journal of Financial Economics,1976,3(4):305-360.

[70]Jensen, M. C., & Murphy, K. J. CEO incentives—It's not how much you pay, but how. Harvard Business Review, 1990, 68(3): 138-153.

[71]Jensen, M. C., & Murphy, K. J. Performance pay and top-management incentives. Journal of Political Economy, 1990: 98(2): 225-264.

[72]Forker, J. J. Corporate governance and disclosure quality. Accounting and Business Research, 1992, 22(86): 111-124.

[73]Kole, S. R., & Lehn, K. M. Deregulation and the adaptation of governance structure: the case of the US airline industry. Journal of Financial Economics, 1999, 52(1): 79-117.

[74] Kouki, M., & Guizani, M. Ownership structure and dividend policy evidence from the Tunisian stock market. European Journal of Scientific Research, 2009, 25(1): 42-53.

[75]Kuo, C. S., Li, M. Y. L., & Yu, S. E. Non-uniform effects of CEO equity-based compensation on firm performance—An application of a panel threshold regression model. British Accounting Review, 2013, 45(3): 203-214.

[76]Lambert, R. A., & Larcker, D. F. Executive stock option plans and corporate dividend policy. Journal of Financial and Quantitative Analysis, 1989, 24(4): 409-425.

[77]Lambert, R. A. Agency theory and management accounting. Handbooks of Management Accounting Research, 2006, (1): 247-268.

[78]Laux, V. Stock option vesting conditions, CEO turnover, and myopic investment. Journal of Financial Economics, 2012, 106(3): 513-526.

[79]Lazonick, W. The US stock market and the governance of innovative enterprise. Industrial and Corporate Change, 2007, 16(6): 983-1035.

[80]Leland, H. E., & Pyle, D. H. Informational asymmetries, financial structure, and financial intermediation. The Journal of Finance, 1977, 32(2): 371-387.

[81] Lian, Y., Su, Z., & Gu, Y. Evaluating the effects of equity incentives using PSM: Evidence from China. Frontiers of Business Research in China, 2011, 5(2): 266-290.

[82]Liang, H., Renneboog, L., & Sun, S. L. The political determinants

of executive compensation: Evidence from an emerging economy. Emerging Markets Review, 2015, 25:69-91.

[83]Lim, E. N. K. The role of reference point in CEO restricted stock and its impact on R&D intensity in high-technology firms. Strategic Management Journal, 2015, 36(6):872-889.

[84] Liu, X., Lu, J., & Chizema, A. Top executive compensation, regional institutions and Chinese OFDI. Journal of World Business, 2014, 49(1):143-155.

[85]Low, A. Managerial risk-taking behavior and equity-based compensation. Journal of Financial Economics, 2009, 92(3):470-490.

[86]Makri, M., Lane, P. J., & Gomez-Mejia, L. R. CEO incentives, innovation, and performance in technology-intensive firms: a reconciliation of outcome and behavior-based incentive schemes. Strategic Management Journal, 2006, 27(11):1057-1080.

[87] McConnell, J. J., & Servaes, H. Additional evidence on equity ownership and corporate value. Journal of Financial Economics, 1990, 27 (2):595-612.

[88] Mehran H. Executive compensation structure, ownership, and firm performance. Journal of financial economics, 1995, 38(2):163-184.

[89]Meyer, J. W., & Rowan, B. Institutionalized organizations: Formal structure as myth and ceremony. American journal of sociology, 1977: 340-363.

[90]Misangyi, V. F., & Acharya, A. G. Substitutes or complements? A configurational examination of corporate governance mechanisms. Academy of Management Journal, 2014, 57(6):1681-1705.

[91]Morck, R., & Shleifer, A., Vishny, R. W. Management ownership and market valuation: An empirical analysis. Journal of financial economics, 1988, 20:293-315.

[92]Murphy, K. J. Executive compensation: Where we are, and how we got there. Handbook of the Economics of Finance. Elsevier Science North Holland, 2012.

[93]Nastasescu, R. G. Stock option compensation and managerial turn-

over. Review of International Comparative Management, 2009, 10 (2): 352-366.

[94]North, D. C. Institutions, institutional change and economic performance. Cambridge University Press, 1990.

[95]Oyer, P., & Schaefer, S. Why do some firms give stock options to all employees?: An empirical examination of alternative theories. Journal of Financial Economics, 2005, 76(1):99-133.

[96]Palia, D., & Lichtenberg, F. Managerial ownership and firm performance: A re-examination using productivity measurement. Journal of Corporate Finance, 1999, 5(4):323-339.

[97]Panousi, V. & Papanikolaou, D. Investment, idiosyncratic risk, and ownership. The Journal of Finance, 2012, 67(3):1113-1148.

[98]Porta, R., Lopez-de-Silanes, F., & Shleifer, A. Investor protection and corporate valuation. The journal of finance, 2002, 57(3):1147-1170.

[99] Rosenbaum, P. R., & Rubin, D. B. The central role of the propensity score in observational studies for causal effects. Biometrika, 1983, 70(1):41-55.

[100]Ross, S. A. The economic theory of agency: The principal's problem. The American Economic Review, 1973, 63(2):134-139.

[101]Roychowdhury, S. Earnings management through real activities manipulation. Journal of Accounting & Economics, 2006, 42(3):335-370.

[102]Rutherford, M. A., Buchholtz, A. K., & Brown, J. A. Examining the Relationships Between Monitoring and Incentives in Corporate Governance. Journal of Management Studies, 2007, 44(3):414-430.

[103]Santore, R., & Tackie, M. Stock option contract design and managerial fraud. Economics Bulletin, 2013, 33(2):1283-1289.

[104]Sapp, S. G. The impact of corporate governance on executive compensation. European Financial Management, 2008, 14(4):710-746.

[105]Sautner, Z., & Weber, M. How do managers behave in stock option plans? Clinical evidence from exercise and survey data. Journal of Financial Research, 2009, 32(2):123-155.

[106]Schultz, T. W. Investment in human capital. The American eco-

nomic review,1961,51(1):1-17.

[107]Schultz,T.W.Restoring economic equilibrium:human capital in the modernizing economy.Oxford:Blackwell,1990.

[108]Schultz, T. W. The economic importance of human capital in modernization.Education Economics,1993,1(1):13-19.

[109]Shin,T.Fair pay or power play? Pay equity,managerial power, and compensation adjustments for CEOs.Journal of Management,2013,42 (2):419-448.

[110]Shleifer,A.,& Vishny,R.W.Large shareholders and corporate control.The Journal of Political Economy,1986:94(3):461-488.

[111]Short, H., & Keasey, K. Managerial Ownership and the Performance of Firms:Evidence from the UK.Journal of corporate finance, 1999,5(1):79-101.

[112]Singh,M.,& Davidson,W.N.Agency costs,ownership structure and corporate governance mechanisms. Journal of Banking & Finance, 2003,27(5):793-816.

[113]Smith,J.A,& Todd,P.E.Does matching overcome LaLonde's critique of nonexperimental estimators?.Journal of Econometrics, 2005, 125(1):305-353.

[114] Stulz, R. M. Managerial control of voting rights: Financing policies and the market for corporate control.Journal of Financial Economics,1988,20(1-2):25-54.

[115]Sturmer,T.,Joshi,M.,& Glynn,R.A review of the application of propensity score methods yielded increasing use,advantages in specific settings,but not substantially different estimates compared with conventional multivariable methods.Journal of clinical epidemiology,2006,59(5): 437-447.

[116]Su,Y.,Xu,D.,& Phan,P.H.Principal-principal conflict in the governance of the Chinese public corporation. Management and Organization Review,2008,4(1):17-38.

[117]Sun,J,Cahan S.F.,& Emanuel,D.Compensation committee governance quality,chief executive officer stock option grants,and future

firm performance.Journal of Banking & Finance,2009,33(8):1507-1519.

[118]Tien,C.,& Chen,C.N.Myth or reality? Assessing the moderating role of CEO compensation on the momentum of innovation in R&D. The International Journal of Human Resource Management,2012,23(13): 2763-2784.

[119]Triki,T.,& Ureche-Rangau,L.Stock options and firm performance:New evidence from the French market.Journal of International Financial Management & Accounting,2012,23(2):154-185.

[120]Tzioumis,K.Why do firms adopt CEO stock options? Evidence from the United States.Journal of Economic Behavior & Organization, 2008,68(1):100-111.

[121]Van den Steen E.The Limits of Authority:Motivation versus Coordination.Massachusetts Institute of Technology,Sloan School of Management,2007.

[122]Van den Steen E.Too motivated?.Massachusetts Institute of Technology,Sloan School of Management,2005.

[123]Veld,C.,& Wu,B.H.T.What drives executive stock option backdating?.Journal of Business Finance & Accounting,2014,41(7−8): 1042-1070.

[124]Wang,K.,& Xiao,X.Controlling shareholders' tunneling and executive compensation:Evidence from China.Journal of Accounting & Public Policy,2011,30(1):89-100.

[125]Ward,A.J.,Brown J.A.,& Rodriguez,D.Governance bundles, firm performance,and the substitutability and complementarity of governance mechanisms.Corporate Governance:An International Review,2009, 17(5):646-660.

[126]Williamson,O.E.The new institutional economics:taking stock, looking ahead.Journal of Economic Literature,2000:595-613.

[127]Williamson,O.E.Transaction-cost economics:the governance of contractual relations.Journal of Law and Economics,1979:233-261.

[128]Wilson,R.B.The structure of incentives for decentralization under uncertainty.Graduate School of Business,Stanford University,1967.

[129]Wright, P., Kroll, M., & Lado A. The structure of ownership and corporate acquisition strategies. Strategic Management Journal, 2002, 23(1):41-53.

[130]Wu, Y.W.Optimal executive compensation:Stock options or restricted stocks. International Review of Economics & Finance, 2011, 20 (4):633-644.

[131] Yoshikawa, T., Zhu, H., & Wang, P. National governance system, corporate ownership, and roles of outside directors: A corporate governance bundle perspective. Corporate Governance: An International Review, 2014, 22(3):252-265.

[132]Zattoni, A., & Minichilli, A. The diffusion of equity incentive plans in Italian listed companies:what is the trigger?. Corporate Governance:An International Review, 2009, 17(2):224-237.

[133]Zeckhauser, R.J., & Pound, J. Are large shareholders effective monitors? An investigation of share ownership and corporate performance. Chicago:University of Chicago Press, 1990:149-180.

[134] Zhang, M., Gao, S., & Guan, X.. Controlling Shareholder-Manager Collusion and Tunneling:Evidence from China. Corporate Governance:An International Review, 2014, 22(6):440-459.

[135]巴泽尔.产权的经济分析[M].上海:上海人民出版社,1997.

[136]陈冬华,梁上坤,蒋德权.不同市场化进程下高管激励契约的成本与选择:货币薪酬与在职消费[J].会计研究,2010,(11):56-64.

[137]陈仕华,李维安.中国上市公司股票期权:大股东的一个合法性"赎买"工具[J].经济管理,2012,(3):50-59.

[138]陈文强,贾生华.股权激励效应研究述评与展望[J].华东经济管理,2015,(7):150-155.

[139]陈文强,贾生华.股权激励存在持续性的激励效应吗?——基于倾向得分匹配法的实证分析[J].财经论丛,2015,(9):59-68.

[140]陈文强.长期视角下股权激励的动态效应研究[J].经济理论与经济管理,2016,(11):53-66.

[141]陈文强.控股股东涉入与高管股权激励:监督还是合谋?[J].经济管理,2017,(1):114-133.

[142]陈勇,廖冠民,王霆.我国上市公司股权激励效应的实证分析[J].管理世界,2005,(2):158-159.

[143]陈晓红,王思颖.组织冗余与公司绩效关系研究——治理制度的调节作用[J].科研管理,2012,(9):78-86.

[144]陈效东,周嘉南,黄登仕.高管人员股权激励与公司非效率投资:抑制或者加剧[J].会计研究,2016,(7):42-49.

[145]陈效东,周嘉南.高管股权激励与公司 R&D 支出水平关系研究——来自 A 股市场的经验证据[J].证券市场导报,2014,(2):33-41.

[146]陈效东.股权激励的动机差异对投资决策的影响研究[D].博士学位论文,西南交通大学,2015.

[147]陈修德,梁彤缨,雷鹏,等.高管薪酬激励对企业研发效率的影响效应研究[J].科研管理,2015,(9):26-35.

[148]陈艳艳.股权激励能够增加股东财富吗?[J].暨南学报(哲学社会科学版),2016,(3):105-116.

[149]陈艳艳.我国股权激励经济后果的实证检验[J].南方经济,2012,(10):123-134.

[150]陈震,丁忠明.基于管理层权力理论的垄断企业高管薪酬研究[J].中国工业经济,2011,(9):119-129.

[151]崔学刚.董事会治理效率:成因与特征研究——来自中国上市公司的数据[J].财贸研究,2004,(2):71-79.

[152]丁汉鹏.公司价值的形成与股权激励适用对象的选择[J].管理世界,2001,(3):200-202.

[153]董艳,李凤.管理层持股、股利政策与代理问题[J].经济学(季刊),2011,(3):1015-1038.

[154]窦欢,陆正飞.大股东控制、关联存款与现金持有价值[J].管理世界,2016,(5):141-150.

[155]范合君,初梓豪.股权激励对公司绩效倒 U 型影响[J].经济与管理研究,2013,(2):5-11.

[156]冯慧群.私募股权投资对控股股东"掏空"的抑制效应[J].经济管理,2016,(6):41-58.

[157]付东.股权激励契约设计与公司业绩关系研究[J].企业经济,2013,(3):173-176.

[158]葛军.股权激励与上市公司绩效关系研究[D].博士学位论文,南京农业大学,2007.

[159]龚娜.基于生命周期理论的股权激励实施倾向及效果分析[J].证券市场导报,2016,(9):13-21.

[160]龚永洪,何凡.高管层权力、股权薪酬差距与企业绩效研究——基于《上市公司股权激励管理办法》实施后的面板数据[J].南京农业大学学报(社会科学版),2013,(1):113-120.

[161]宫玉松.上市公司股权激励问题探析[J].经济理论与经济管理,2012,(11):78-83.

[162]古柳,王烨,姚家乐.控制权结构与股权激励有效期设定——基于资本市场的实证研究[J].审计与经济研究,2016,(6):1-8.

[163]顾斌,周立烨.我国上市公司股权激励实施效果的研究[J].会计研究,2007,(2):79-84.

[164]韩慧博,吕长江,李然.非效率定价、管理层股权激励与公司股票股利[J].财经研究,2012,(10):47-56.

[165]韩亮亮,李凯,宋力.高管持股与企业价值——基于利益趋同效应与壕沟防守效应的经验研究[J].南开管理评论,2006,(4):35-41.

[166]胡铭.上市公司高层经理与经营绩效的实证分析[J].财贸经济,2003,(4):59-62.

[167]侯晓红,姜蕴芝.不同公司治理强度下的股权激励与真实盈余管理——兼论市场化进程的保护作用[J].经济与管理,2015,(1):66-73.

[168]黄海杰,吕长江,丁慧.独立董事声誉与盈余质量——会计专业独董的视角[J].管理世界,2016,(3):128-143.

[169]黄虹,张鸣,柳琳."回购+动态考核"限制性股票激励契约模式研究——基于昆明制药股权激励方案的讨论[J].会计研究,2014,(2):27-33.

[170]黄群慧,余菁,王欣,等.新时期中国员工持股制度研究[J].中国工业经济,2014,(7):5-16.

[171]黄泽宇.政策放开,上市公司股权激励设计拥有更大自主权——《上市公司股权激励管理办法》新规解读[EB/OL].https://zhuanlan.zhihu.com/p/21651907,2016.07.19.

[172]解维敏,魏化倩.市场竞争、组织冗余与企业研发投入[J].中国软科学,2016(8):102-111.

[173]李宝良,郭其友.冲突与合作经济治理的契约解决之道——2016年度诺贝尔经济学奖得主主要经济理论贡献述评[J].外国经济与管理,2016,(11):115-128.

[174]李文贵,余明桂.所有权性质、市场化进程与企业风险承担[J].中国工业经济,2012,(12):115-127.

[175]李小荣,张瑞君.股权激励影响风险承担:代理成本还是风险规避?[J].会计研究,2014,(1):57-63.

[176]李曜.两种股权激励方式的特征、应用与证券市场反应的比较研究[J].财贸经济,2009,(2):57-62.

[177]李勇军.股权激励计划契约结构对其激励效应的影响[J].财经理论与实践,2015,(4):68-73.

[178]李增泉.激励机制与企业绩效——一项基于上市公司的实证研究[J].会计研究,2000,(1):24-30.

[179]李增泉,余谦,王晓坤.掏空、支持与并购重组——来自我国上市公司的经验证据[J].经济研究,2005,(1):95-105.

[180]林大庞,苏冬蔚.股权激励与公司业绩——基于盈余管理视角的新研究[J].金融研究,2011,(9):162-177.

[181]梁权熙,曾海舰.独立董事制度改革、独立董事的独立性与股价崩盘风险[J].管理世界,2016,(3):144-159.

[182]梁上坤.股权激励强度是否会影响公司费用黏性[J].世界经济,2016,(6):168-192.

[183]廖理,廖冠民,沈红波.经营风险、晋升激励与公司绩效[J].中国工业经济,2009,(8):119-130.

[184]刘宝华,罗宏,周微.股权激励行权限制与盈余管理有序选择[J].管理世界,2016(11):141-155.

[185]刘凤委,孙铮,李增泉.政府干预、行业竞争与薪酬契约——来自国有上市公司的经验证据[J].管理世界,2007,(9):76-84.

[186]刘浩,孙铮.西方股权激励契约结构研究综述——兼论对中国上市公司股权激励制度的启示[J].经济管理,2009,(4):166-172.

[187]刘浩,唐松,楼俊.独立董事:监督还是咨询?——银行背景独立董事对企业信贷融资影响研究[J].管理世界,2012,(1):141-156.

[188]刘广生,马悦.中国上市公司实施股权激励的效果[J].中国软科

学,2013,(7):110-121.

[189]刘井建,纪丹宁,王健.高管股权激励计划、合约特征与公司现金持有[J].南开管理评论,2017,(1):43-56.

[190]刘金岩,牛建波.产品市场竞争对经理层激励效果的影响研究[J].财贸研究,2008,(3):95-104.

[191]刘玉敏.我国上市公司董事会效率与公司绩效的实证研究[J].南开管理评论,2006,(1):84-90.

[192]罗富碧,冉茂盛,杜家廷.高管人员股权激励与投资决策关系的实证研究[J].会计研究,2008,(8):69-76.

[193]罗进辉.独立董事的明星效应:基于高管薪酬——业绩敏感性的考察[J].南开管理评论,2014,(3):62-73.

[194]罗斯.实验经济手册[M].北京:中国人民大学出版社,2015.

[195]吕长江,张海平.股权激励计划对公司投资行为的影响[J].管理世界,2011,(11):118-126.

[196]吕长江,张海平.上市公司股权激励计划对股利分配政策的影响[J].管理世界,2012,(11):133-143.

[197]吕长江,郑慧莲,严明珠,许静静.上市公司股权激励制度设计:是激励还是福利?[J].管理世界,2009,(9):133-147.

[198]年志远.二元产权交易研究[J].国有经济评论,2009,(1):33-43.

[199]潘颖.股权激励、股权结构与公司业绩关系的实证研究——基于公司治理视角[J].经济问题,2009,(8):107-109.

[200]强国令.制度变迁、管理层股权激励和公司投资——来自股权分置改革的经验证据[J].山西财经大学学报,2012,(3):89-97.

[201]邱茜.中国上市公司高管薪酬激励研究[D].博士学位论文,山东大学,2011.

[202]汝毅,郭晨曦,吕萍.高管股权激励、约束机制与对外直接投资速率[J].财经研究,2016,(3):4-15.

[203]邵帅,周涛,吕长江.产权性质与股权激励设计动机——上海家化案例分析[J].会计研究,2014.(10):43-50.

[204]沈红波,曹军,高新梓.全流通时代的上市公司股权激励契约研究[J].财贸经济,2010,(9):44-51.

[205]沈红波,潘飞,高新梓.制度环境与管理层持股的激励效应[J].中

国工业经济,2012,(8):96-108.

[206]盛明泉,蒋伟.我国上市公司股权激励对公司业绩的影响[J].经济管理,2011,(9):100-106.

[207]盛明泉,王烨.国资控股、政府干预与股权激励计划选择——基于2006年股权激励制度改革后数据的实证研究[C].重庆:中国会计学会2011学术年会论文集,2011:1559-1586.

[208]舒尔茨.论人力资本投资[M].北京:中国经济出版社,1987.

[209]宋建波,田悦.管理层持股的利益趋同效应研究——基于中国A股上市公司盈余持续性的检验[J].经济理论与经济管理,2012,(12):99-109.

[210]苏冬蔚,林大庞.股权激励、盈余管理与公司治理[J].经济研究,2010,(11):88-100.

[211]孙光国,刘爽,赵健宇.大股东控制、机构投资者持股与盈余管理[J].南开管理评论,2015,(5):75-84.

[212]谭克虎,刘海涛,李霞,等.奥利弗·哈特和本特·霍尔姆斯特伦:契约理论[J].经济学动态,2016,(12):98-117.

[213]唐跃军,李维安.大股东对治理机制的选择偏好研究——基于中国公司治理指数[J].金融研究,2009,(6):72-85.

[214]童露.竞争性国有企业混合所有制改革中的经理人激励机制研究[D].博士学位论文,云南大学,2016.

[215]汪涛,胡敏杰.股权激励实施后长期股价效应研究[J].学术论坛,2013,(10):128-132.

[216]王栋,吴德胜.股权激励与风险承担——来自中国上市公司的证据[J].南开管理评论,2016,(3):157-167.

[217]王怀明,李超群.管理层股权激励与企业绩效之间的关系——基于不同产品市场竞争度视角[J].财会月刊,2015,(20):11-15.

[218]王克敏,陈井勇.股权结构、投资者保护与公司绩效[J].管理世界,2004,(7):127-133.

[219]王燕妮.高管激励对研发投入的影响研究——基于我国制造业上市公司的实证检验[J].科学学研究,2011,(7):1071-1078.

[220]王烨.关于股权激励效应的争论及其检验[J].经济学动态,2009,(8):107-111.

[221]王烨,叶玲,盛明泉.管理层权力、机会主义动机与股权激励计划设计[J].会计研究,2012,(10):35-41.

[222]吴军.监督抑或合谋:控股股东与高管超额薪酬[J].财会通讯,2015,(27):48-50.

[223]吴淑琨.股权结构与公司绩效的 U 形关系研究——1997—2000年上市公司的实证研究[J].中国工业经济,2002,(1):80-87.

[224]吴育辉,吴世农.企业高管自利行为及其影响因素研究——基于我国上市公司股权激励草案的证据[J].管理世界,2010,(5):141-149.

[225]伍春来,赵剑波,王以华.基于战略管理的股权激励研究:资源基础观视角[J].科学学与科学技术管理,2009,30,(6):160-165.

[226]武立东.公司治理对高管报酬的调节效应分析——基于民营上市公司大股东控制、董事会监督的视角[J].山西财经大学学报,2007,(7):74-79.

[227]魏刚.高级管理层激励与上市公司经营绩效[J].经济研究,2000,(03):32-39.

[228]夏纪军,张晏.控制权与激励的冲突——兼对股权激励有效性的实证分析[J].经济研究,2008,(3):87-98.

[229]肖淑芳,付威.股权激励能保留人才吗?——基于再公告视角[J].北京理工大学学报(社会科学版),2016,(1):73-81.

[230]肖淑芳,刘颖,刘洋.股票期权实施中经理人盈余管理行为研究——行权业绩考核指标设置角度[J].会计研究,2013,(12):40-46.

[231]肖淑芳,石琦,王婷,等.上市公司股权激励方式选择偏好——基于激励对象视角的研究[J].会计研究,2016,(06):55-62.

[232]肖星,陈婵.激励水平、约束机制与上市公司股权激励计划[J].南开管理评论,2013,(1):24-32.

[233]谢德仁,陈运森.业绩型股权激励、行权业绩条件与股东财富增长[J].金融研究,2010,(12):99-114.

[234]辛清泉,谭伟强.市场化改革、企业业绩与国有企业经理薪酬[J].经济研究,2009,(11):68-81.

[235]辛宇,吕长江.激励、福利还是奖励:薪酬管制背景下国有企业股权激励的定位困境——基于泸州老窖的案例分析[J].会计研究,2012,(6):67-75.

[236]徐菁,黄珺.大股东控制权收益的分享与控制机制研究[J].会计研究,2009(8):49-53.

[237]徐宁,徐向艺.股票期权激励契约合理性及其约束性因素——基于中国上市公司的实证分析[J].中国工业经济,2010,(2):100-109.

[238]徐宁.中国上市公司股权激励契约安排与制度设计[D].博士学位论文,山东大学,2011.

[239]许娟娟,陈艳,陈志阳.股权激励、盈余管理与公司绩效[J].山西财经大学学报,2016,(3):100-112.

[240]亚丹·斯密.国富论[M].北京:中国人民大学出版社,2016.

[241]闫妍,刘宜.2016 年度诺贝尔经济科学奖获得者 Oliver Hart 与 Bengt Holmstrom 研究工作评述[J].管理评论,2016,(10):3-10.

[242]杨华,陈晓升.上市公司股权激励理论、法规与实务[J].北京:中国经济出版社,2009.

[243]杨慧辉,潘飞,梅丽珍.节税驱动下的期权行权日操纵行为及其经济后果研究[J].中国软科学,2016,(1):121-137.

[244]杨慧辉,赵媛,潘飞.股权分置改革后上市公司股权激励的有效性——基于盈余管理的视角[J].经济管理,2012,(8):65-75.

[245]杨小凯,黄有光.专业化与经济组织——一种新兴古典微观经济学框架[M].北京:经济科学出版社,1993.

[246]叶陈刚,刘桂春,洪峰.股权激励如何驱动企业研发支出?——基于股权激励异质性的视角[J].审计与经济研究,2015,(3):12-20.

[247]张东旭,张姗姗,董小红.管理者权力、股权激励与盈余管理——基于倾向评分匹配法和双重差分法的分析[J].山西财经大学学报,2016,(4):114-124.

[248]张俊瑞,张健光,王丽娜.中国上市公司股权激励效果考察[J].西安交通大学学报(社会科学版),2009,(01):1-5.

[249]赵玉洁."与虎谋皮"抑或"珠联璧合"——股权激励计划影响高管离职吗?[J].证券市场导报,2016,(8):22-32.

[250]甄红线,张先治,迟国泰.制度环境、终极控制权对公司绩效的影响——基于代理成本的中介效应检验[J].金融研究,2015,(12):162-177.

[251]周建波,孙菊生.经营者股权激励的治理效应研究——来自中国上市公司的经验证据[J].经济研究,2003,(5):74-82.

[252]周仁俊,高开娟.大股东控制权对股权激励效果的影响[J].会计研究,2012,(5):50-58.

[253]朱德胜,周晓珮.股权制衡、高管持股与企业创新效率[J].南开管理评论,2016,(3):136-144.

[254]宗文龙,王玉涛,魏紫.股权激励能留住高管吗？——基于中国证券市场的经验证据[J].会计研究,2013,(9):58-63.

[255]邹风,陈晓."三分开"政策对董事会结构影响的实证研究[J].经济学(季刊),2004,(1):425-436.